広告ロックンローラーズ

年をとれば人は、保守的になる。

否、違う。

お金も名誉も二の次になった者たちの仕事は、

頗《すこぶ》る自由で柔らかい。

若い人は彼らを“大御所”と称し畏れ、

距離をとろうとする。

それは、あまりに勿体無い。

広告ロックンローラーズ。

僕はまだ聞き足りない。

まだまだ広く見せつけたい。

老いて益々、その冒険を加速した

邪念無き者たちの姿を。

カッコいい年上たちは、

若者たちの未来。

広告界の未来なんだ。

箭内道彦

CONTENT

Prologue　3

Interview

坂田耕（マッキャン・ワールドグループ ホールディングス）　6

秋山晶（ライトパブリシティ）　20

小田桐昭（小田桐昭事務所）　32

宮崎晋（博報堂）　50

細谷巖（ライトパブリシティ）　62

葛西薫（サン・アド）　82

宮田識（ドラフト）　100

早川和良（TYO Camp-KAZ）　112

天野祐吉（天野祐吉作業室）　128

副田高行（副田デザイン制作所）　142

大島征夫（dof）　158

鋤田正義／高橋靖子　174

仲畑貴志（ナカハタ）　194

本書内では、広告制作に関わったクリエイターの職種を略号で表記することがあります。表記の見方は、次のとおりです。ECD：エグゼクティブクリエイティブディレクター、CD：クリエイティブディレクター、AD：アートディレクター、C：コピーライター、企画：プランナー、演出：ディレクター、PR：プロデューサー、ST：スタイリスト、撮影：フォトグラファー

広告ロックンローラーズ

坂田 耕

坂田さんの遺言を聞きたいです。
（箭内）

箭内：坂田さんは再婚なさったとき、おいくつでした？

坂田：65。で、今年2月15日に66になりました。

箭内：あ、ちょうどロックンロールで（笑）。65歳で再婚って、どうですか？ すごくよくないですか？ 男として理想の形というか。

坂田：すごくシンプルですよね。若いときは先が長いから色んなこと考えますけど、この歳になると、ほとんど先のこと考えなくていいから。

箭内：結婚のみならずですよね……ここカットしないですけどいいですか？

坂田：いいですよ、もう失うものはないですから（笑）。

箭内：最初にこの連載、『広告ロックンローラーズ』の説明をさせていただくと、坂田さんの人気シリーズ（「坂田耕・CM対談『ここだけの話ですが、、、』」）のあとを引き受けるのは、正直すごくプレッシャーなんですね。で、このシリーズでは、あとがない人たち……間違えました（笑）、「失うものがない人たち」に話を聞こうと思ってるんです。

坂田：「あとがない人」が僕なんだ（笑）？

箭内：いやいや、「失うものがない人」です（笑）。そういう人たちって、会って面白いというか、年をとってどんどん保守的になっていくかと思いきや、だんだん思い切りがよくなるじゃないですか。邪念がなくてピュアでロックになってくる。そういう人たちが、何かを壊そうとしてたり、新しいことをやろうとしてたり、自由だったりする姿は、若い人を勇気づけると思うんですよ。つまり、広告の世界にもそういうオーバー60のロックンローラーがたくさんいるんだってことを伝えるのが、このシリーズの基本なんです。別におじさんたちを持ち上げて、お小遣いもらおうっていうんじゃなくて（笑）。

坂田：まあ、人によりますよね。そうやって果敢に「まだやるぞ！」っていう人もいれば、どっちかと言うと僕みたいに、「これはこれでいいかな」みたいなね。

箭内：坂田さんは果敢ではないんですか。だって違うことにチャレンジしてますよね？ いまADKにいらしてる時点で、“マッキャンの坂田”の二毛作が始まってるんだと思ってるんですけど。

坂田：僕は昔からそうだけど、頼まれたものは断ったことないから、仕事が来ればやりますよ。実際、僕に頼むとお金がかかることをわかった上で、「お願いします」って来る営業がいたりもする。でも、それはけっこう特殊なケースで、それ以外にレギュラーでやってるのはあまりないからね。

箭内：お金かかるんですか？ 坂田さんがやると。それは何にかかっちゃうんですか？

坂田：例えば、プレゼンテーションしてくれって言われても、ちょこちょこってわけにはいかなくて、わりと具体的にものを作るんです。というのも僕の場合、「タレントさんがいて、ストーリーがあって、セリフがあってチャンチャン」っていうものがあまりなくて、表現したい世界観があるから、音や映像を作ってみないことにはわからない。

箭内：世界観っていうのは、やっぱりニュアンスだったり、最後のひと捻りから出てきますからね。

坂田：ええ、キャスティングとか衣装とか、そういうところまで関係してきますからね。で、そうなると人に頼めないんです。もちろん、企画だけで演出してない作品もたくさんあるんだけど、「これは！」と思うものは最後まで自分でやりますから。でも、それって、いまの時代と合わないじゃないですか。そもそも「世界観」というもの自体が通用しないですよね。求められてるのは、だれが見てもわかるコンテですから。

箭内：だれが見てもわかるコンテに世界観が付加されたらすごくいいんでしょうけど……。僕、代理店から出て外側から見てると、「代理店のプランナーってヒマじゃねえか？」って思うんですよ。撮影の現場とか見てても、お菓子食べてたり、得意先と話してたり。で、お得意先が不安がってることを、ディレクターに言えなくてプロデューサーに言いに行ったりとか。

坂田：企画する人に作家性がいらなくなってきてるんですよね。もちろん、みんながみんな、そうじゃないですけど、タレントリストとありものの音楽という、記号化された素材でものを作ってる感じがどうしてもするんです。タレント年鑑のこの人が競合に使われてないか、いくらなら使えるのかっていうのと、昔流行ってすでに刷りこまれた名曲のリストをチェックして、許諾にいくらかかるのかと……。

箭内：あと、いい演出家のスケジュールを押さえましたっていうことくらいですよね。僕、CMプランナーって、本当は演出もすべきじゃないかって思うんです。たとえば、クライアントに何か直してくれって言われて、僕が純粋にプランナーをやってたら、それをディレクターに言いに行くのってイヤじゃないですか。「そんなの直せないよ」って言われるかもしれないし、「お前はクライアントの犬なの？」って思われるかもしれない。でも、自分が演出してれば、平気で直せますから（笑）。

坂田：先方のオーダーに応えつつ、どうやればクオリティを下げずに済むかを考えたり、さらに言うと、それがきっかけでもっといいものになるかもしれないという考え方だったんです。昔、僕がやってるときはね。

箭内：いや、いまもそうだと思いますよ。坂田さんのやり方って、僕は全然、昔ふうだと感じない。

坂田：でも、僕の場合はね、狭いんですよ。何年もかけて、このブランドの世界観はこうだよね、このブランドの佇まいはこうですねっていうのを積み重ねていきましょうって言ってるわけで、それ自体、時代に合わないんです。いまは即効性がないといけないから。ブランディングって言葉自体が死語になっちゃってるように、そういう発想がもうないじゃないですか。広告として機能すればいいみたいな話になってるじゃない？

箭内：そしたら坂田さん、寂しいじゃないですか。

坂田：寂しいよ。もう、一人ポツーンですよ。

箭内：そんなことないじゃないですか。一人ぼっちを気取ってるんじゃないですか（笑）？

坂田：気取ってはいないけど、もう手のほどこしようがないんです。お互いにそれでコミュニケーションしてものが動くんだったら、じゃあもう君たち同士でやればよくて、僕はいいからって話になっちゃう。

箭内：それじゃあもう、元も子もないじゃないですか（笑）。僕は、広告自体も多様であるべきだと思うし、効き目っていうのも一種類しかないとは思わないから、坂田さんから学ぶことは多いんです。実は最近、自分が年をとって気持ちの余裕が出てきたっていうのもあるんだけど、大御所と仕事するのがすごくいいなと思ってる。まず大御所の人たちって、金があるんですよね。だから、「今回の仕事ではこのギャラをいただかないと困ります」みたいなのがなくて、安くやってくれるんですよ（笑）。「坂田さん、これギャラ10万でやってもらえますか」って言っても、やってくれそうじゃないですか。

坂田：タダでもやっちゃうよ。

箭内：ゆとりがあるから。

坂田：ゆとりはないけど（笑）。

箭内：あとはね、大御所の人たちって、意外とヒマなんですよ。なぜかと言うと、みんなあんなエラい人に頼めないんじゃないかとか、あの人に頼んだらすごい高いんじゃないかって思って、つい近づかないんですよね。だからそういう人に電話すると、わりといつでも仕事してくれるんです。あと、技術はもちろん完全にあるわけだし、生き方の点でもね、もうオレなんかどうなってもいいって感じで、あとは世の中の役に立って死んでいきたいと思ってるから、いいものができる要素が全部揃ってるんですよ。だから、年とった人たちがもう一回作るってことの面白さが、いま求められてると思うんですよね。

坂田：それは夢のある話ですね。若い人たちは、先生みたいな人にお願いするというより同世代で作りたがるから、それでみんな仕事がどんどんなくなっていっちゃう。だから、もっとオッサンたちを使おうよっていう提案はすごくいいと思います。

箭内：ホントそうですよ。使うのがコワいんだったら、この連載を読んで、そのノウハウを盗んでもらったらいいなあと思うんですよね。でも、50代前半くらいの人はまだその境地に達していなくて、60あたりに差し掛かってきたところで、そういうはじけ方をしてくるんですよ。ところで、坂田さんってこれからどうしていこうと思ってるんですか？

坂田：僕、過去もね、自分が将来こうしていこうとか、それに向かって何か一生懸命やっていくとかね、そういうのないんですよ。けっこうその日暮らしなの。それはいまも全然変わらない。わりと色んなことがドンブリ勘定っぽい。手相なんか見ても、金稼ぐけど金遣い荒いって出てるから（笑）。どっちかと言うとそういうタイプなんです。

ただ、ひとつだけ、これ自慢になるかどうかわからないけど、頼まれたことはやるんですよ。基本的にはすごくめんどくさがりやで、本当は何にもやりたくないんだけど、クリエイティブなことだけは唯一好きなことだから別。仕事を断ったことがないのも、それがどんな小さな仕事だろうがどんなダサい仕事だろうが、来たものはクリエイティブなことだろうから楽しめるんじゃないかって思ってやってきたから。だから、学校で教えるときも、運はつかめるんだっていう話を生徒にするんです。サーフィンに例えて話すんだけど、小さな波でもそれなりに

タダでもやっちゃうよ。
（坂田）

楽しめるサーファーは、でかい波が来たときにちゃんと乗れる。逆に「オレはせこい波には乗らないんだ、一発でかい波が来たときに乗ってやる」っていうサーファーは、でかい波にも乗れない。だから、来た仕事がどんなに小さいものであっても、中身に関係なくちゃんと楽しみなさいって。僕もそうやってるうちに運が向いてきた気がするんですね。だから、これは出来レースだなっていうときでも、前の日にボードをダーッと並べて自己満足でいいと思うんです。結果は、政治とか営業の力とか色んな要素で決まってくるわけだけど、それを考えてたら僕らはできないから、与えられた課題を楽しめばいいっていう発想ですね。でも、それも時代に合わないじゃない？ いまは、勝たないと意味がないわけだから。

箭内：まあ、その瞬間はそうですけどねえ。

坂田：だから、そういう意味でも、やっぱりちょっと違うかなあと思って。ひと言で昔はよかったって言うのもなんだけれど……。

箭内：でも、坂田さんは、いまはオレじゃないんだとか、時代はこうなんだっていうふうに、決め付けすぎるような気がするんだけど。

坂田：それはそれでしょうがないなと思ってるから。僕が若いとき好きなことをやれたように、いまはいまの若い人たちが好きなことをやれてるんだろう、っていうだけで。

箭内：なるほど。じゃあ、それはちょっと置いといて、社会の役に立ちたいっていう気持ちはあります？

坂田：社会っていうふうには思わないけど、人を楽しませたいというのはありますね、普段でも。バカなこと言って周りの人たちを笑わせたりっていう

のは、子どものときからずっとやってたことだから。

箭内：僕、最近よく人に問いかける言葉があって、「アー・ユー・ムードメーカー？」っていうワードなんですよ。結局ムードメーカーって自分以外のだれかがやってくれるってみんなが思いすぎてて、自分がムードメーカーにならないのは甘えじゃないかなって思うんですよね。広告に携わってる人なんて特にそうなんですけど。

坂田：そうですね。僕もムードメーカーなところはあって、例えば会議とかでも沈んだ雰囲気の会議って大嫌いなんですよ。なぜかと言うと、冗談が言えないから。だから、そういうときは、まずなんとか冗談の言える雰囲気を作るんです。
やっぱりね、ユーモアって大事だと思うのは、そこで視点が変わるから。みんながＡだＡだって思い込んでるときに、突然だれかが「それってＢじゃない

の？」って言ったときに笑えるんですよ。会議ってだいたい方向性が見えちゃってて、それをそのまま進めてて面白くないっていう状況があるから、そこでだれかがちょっと面白いことを言うと、バカだねーって言われながらも、「でも、それってちょっと面白くない？」っていう方向に変わっていくじゃないですか。そういうのは、僕よりも箭内さんのほうがよくわかってると思うんだけど。

箭内：いやいや。でも、重要だと思いますよ、視点を変えるっていうのは。それとちょっと違う例で言うと、オレ、家で洗濯したTシャツをどんどん積み重ねてるんですけど、結局上から着てくんですね。すると、20枚くらいあっても19枚目とか20枚目って全然着なくなるんです。だから、やっぱりどこかのタイミングで、「今週は一番下から着よう」みたいなことってやっぱり必要だなと思ってて。それをやるのが、ユーモアだったり風向きを変えるってことだったりするんじゃないかと。でも、それは天性のものじゃなくて、意識すればできることですから。ところで、若い人って、こっちがどんどんムードメークしていくと、黙っちゃうじゃないですか。あれ何なんですかね？

坂田：年とったんじゃない（笑）？いや、わかりますよ。僕もときどき聞いてみたくなるんだけどね、いまの若い子たちって、あんまり笑ってないんじゃないかな。僕もそうだけど、僕らの世代ってわりとバカなこと言うのが好きみたいで、早乙女（治）なんかも同じようにバカなこと言って、会社で腹抱えたり、目に涙浮かべて笑ったりしてるんですよ。でも、若い人たちを見てると、そういう状況があまりない気がするんです。

箭内：坂田さんが笑いにこだわりがあるのが意外だったんですけど、それは昔からですか。

坂田：大学入ってグラフィックをやるんだけど、クラブ活動は落語やってましたね。

箭内：グラフィックみたいな、ある種ストイックで内向的なものと落語って、なかなか両立できないもののように僕は感じるんですけど。

坂田：落語って演出なんですよ。僕は古典が好きなんですけど、その中で例えば意地悪な大家さんが出てくるとして、その大家さんを本当に意地悪に描くのか、意地悪なんだけどホントはいい人なんだよね、って描くのかは、演者の演出なんです。落語クラブにいたことが演出の役に立ったって言いたいわけじゃないんだけど、落語もある種リアリティなんですよね。もちろん、様式化はされてるけど、人間ってそういうときにそういうこと言わないだろうとか、そういう反応しないんじゃないとか、そういうところが基本になっているんですよ。そこを踏まえて演じるのはけっこう好きで……。かと言って人前でしゃべったりするのが大好きってわけじゃないんですよ。

箭内：大学を卒業してすぐマッキャンエリクソンに行ったんですか？

坂田：いや、最初はTCJっていうプロダクションに入ったんです。当時は、周りはみんなデザイナーですよね。僕くらいですもん、卒業したときにフィルムプロダクションに入ったのは。

箭内：なるほど。そのあとマッキャンに行ってコカ・コーラをやるようになったんですね。自分で企画して演出までやったのは、いままで何割くらいありますか？

坂田：6割くらいですかね。

箭内：自分で演出するかしないかっていうのはどこで決めるんですか？

キザなこと言うかもしれないけど、
相手のことを愛してるっていう自信でしょうね。

（坂田）

坂田：この内容は、ほかの人に頼んでも描けないなっていうのは自分で演出までやって、これは面白いけどちょっと僕じゃないなっていうのは人に頼んでるんですね。だけど人に頼むと、どっかで妥協なんです、申し訳ないけど。だけど、そこで僕がちょっとキャスティング違うなとか、編集が違うなんて言い出すと、どこまでいっても完結しないから。

箭内：そっか妥協なのか。けっこうみんな、妥協の連続なんですかね？　いまのプランナーの人たちって。

坂田：いや、そんなこともないんじゃないですか。自分が企画したときに曖昧だったものを、プロフェッショナルな人が形にしてくれるのを頼りにしてるケースが多い気はする。そうじゃないものを自分でやればいいわけで。

箭内：いや、自分でやるべきだと思うんですよ、ホント。でも、僕も最初は色んな監督に演出を頼んでました。企画を考える前から、中島哲也さんだとか、山内健司さんだとか、関谷宗介さんに頼んだりして、そういう人たちがやってくれるって言っただけで、なんだかスゴいものができそうな気がしてワクワクしたというかね。でも、自分で演出しなきゃダメだなってあるとき思ったんです。坂田さんが言うように、企画を膨らませてほしくないときもあって、生のまま出したいときは自分だし、そこにもう一人演出家が入ってくると複雑になるなってときも自分だし、あと予算がないときも自分ってことでやってきたんですけど……。でも、若い人がいきなり、ヤクルトの元監督の古田敦也さんみたいに「キャッチャーオレ、代打オレ」ってやろうとしても、最初はなかなか難しいと思うんですよ。「お前やるの？　大丈夫なの？」ってやっぱり言われるじゃないですか。坂田さんのときは、クライアントだったり会社の仲間たちは、すんなりと「じゃあやってみろ」ってなりました？

坂田：僕が企画したものを演出家に頼んだら、ちょっと違うなっていうものが上がってきたことがあったんですね。そういうのを得意先に見せると、いろいろ言われるじゃないですか。で、それならあそこをこう直せば別に遜色ないよなと思って演出家に話すと、それはできませんって言うんで、「なんでなんだ？　オレが企画したものだし、得意先もそう言ってるのに」って話になって、だったら自分でやろうっていうのがきっかけでしたね。でも、演出家が企画のよさを引き出してくれるケースも、僕は絶対あると思うけど……。昔、中島信也さんが、演出は技術だって言ってたことがあるのね。つまり、自分はこういうものを描きたいとかそういうのがあるわけじゃない、と。演出は技術だから、企画した人が何を考えてるのかを一生懸命聞き出して、それを形にするのが演出家だ、と言うわけです。だから彼の作品はすごく幅広いのね。企画した人の話を聞いて、この人の企画はこうじゃないかってことでやるから。

箭内：そう言えば、僕も中島哲也さんとあるものをやったときに、「ナカテツに頼んでオレのコンテをすげえいいものにしてもらおう」って思って見せたら、「今回は箭内君が撮ったみたいに撮りたいんだよね」って言われて「え!?　じゃあ自分でやればよかった」と思ったことがありました（笑）。
ところで、さっきの話に戻ると、坂田さんは、いまの時代に対して必要以上に壁を作ってる感じがするんですけど、それは何でですかね？

坂田：ん〜、年とってちょっとすねてるのかもね（笑）。僕、自分のことをものすごく幼稚だと思ってるんです。昔ニューヨークに行ったとき、『スターシップ・トゥルーパーズ』っていう映画をやっていてね。ある人からは「あなたが15歳だったら楽しめるわよ」なんて言われたんですけど、僕はすごく楽しめたんですよ。そのときに「あっ、自分は15歳なんだ」って思った。その人は皮肉で言ったのかもしれないけど、僕にしてみればうれしかったんです。僕の中での気分は実は15歳のときから変わっていないんだなって……。

箭内：いや、オレも同じ説を唱えているんですよ。人間ってみんな15歳で一度死んでるんじゃないかって。15歳までに出会ったものとか、好きだったこととか、聴いた音楽とかを一生引きずっていくか、そこから逃げようとするかじゃないかな？　と思うときがあって、だから15歳までに何を見て何を感じて生きるかって実はすごく大事なんじゃないかって気がするんです。このあいだもあるCMを作ったときに、3人の出演者のやりとりを描いたんですけど、撮影の当日に言葉をもうちょっと増やしたいなあと思って、自分が中学3年のときに書いた詩をセリフにしたんですよ。それはすごく不思議な経験でしたね。そのとき書いたようなことが、結局自分は今も好きなんだなというのがわかって。

坂田：タイムスリップだよね。

箭内：そうなんです。別に永遠の少年を気取っているわけではないですけど。

坂田：僕もその意味での幼稚さは恥ずかしいことではないと思ってる。だから、いまだに好奇心は強いなって思うもの。このあいだ人に言われて気づいたんだけど、けっこう「なんで？　なんで？」って聞いてるって。

箭内：子どもって聞きますもんね、「なんで？」って。

坂田：僕らの仕事って、好奇心がなくなったらダメだと思うんです。「なんでこうなるんだろう？」っていうのがすごく大切。たぶん、そういう子どもがけっこうクリエイターになっていると思うんだけど。

箭内：坂田さんの最新作CMはどんな感じですか？

坂田：早乙女がほとんど企画したんですけど、僕は演出してくれと頼まれて、高崎勝二さんのカメラで撮りました。どちらかと言うとウェブ系だったので、長いのを一晩で作ったんですね。それが半年前かな。

箭内：じゃあ、また別の仕事が来たら？

坂田：やりますやります。「ダメもとでいい？」って聞くと思うけど。僕は競合だろうと自主プレだろうと1案しか出さないんですよ。その1案にエネルギーを費やすから。

箭内：じゃあ、けっこう負けてますか？

坂田：全然負けてる。

箭内：坂田さんに勝った人はうれしいでしょうね。1案は昔から？

坂田：うん、イレギュラーな仕事はね。結局10本出そうが1本勝負だから。レギュラーの得意先の場合も、最高で3本だと思ってるの。A案とB案はブリーフィングにのっとったバリエーションですごく安心できるもの。で、C案はブレイクスルーというか、マーケティングプランニングのところから仮説みたいなもので、AとBを見せたあと、世の中はいまこうですから、次はこういうことになるんじゃないですかってことで3本目を出す。4本目はありえない。AとBは妥当なものでCはとんでもないものなんだけど、若い人にはそれに決まってもいいようにしろよって言ってます。見せる限りは愛せるところまで高めなきゃダメだよって。

箭内：捨て馬のない3案。

坂田：どれでもいけるようにしないと。まあ、よく考えると普通のことなんですけどね。年とると、こういう説教くさいことになっちゃう。

箭内：だけど、坂田さんもいい年だし、みんなが温かく見守ってくれてるタイミングだと思いますよ。

坂田：うん、バカなことやエッチなこと言っても許されると思うんですよね。60すぎると(笑)。もう先短いんだから許してもらってもいいかなって。

箭内：でも、若いときからけっこう許されてきたんじゃないですか？

坂田：それはそうかもしれないね。

箭内：許されるコツとは？

坂田：キザなこと言うかもしれないけど、相手のことを愛してるっていう自信でしょうね。

箭内：僕も、愛されるって広告の仕事の中で一番大事なことかなって思いますよ。愛されるからみんないろいろ協力してくれるし、応援してくれるし、言ってること信じてくれるわけだから。

坂田：僕は撮影現場でも、めっちゃめちゃ楽しくしてたよ。現場の雰囲気はすごく大事だから、楽しくないならやる意味ないよねって。企画の段階からそうなんだけど、むすっとしてたり怒っている人がいるのはイヤなんです。

箭内：出来上がったものも全然違いますからね。ピリピリしてるときとそうでないときでは……。むすっとしている人がいたときはどうします？

坂田：近づいてイジる。話しかける。スタッフが自分の仕事に対してやりがいを感じられるようにするんですよ。例えば、グラスを磨いている制作の若い人がいたら、カメラをのぞかせてあげるとか。カメラ越しに見るとそれがすごくキレイなんだけど、そういうのを目の当たりにすると、自分の仕事の意味がわかってやりがいも出てきますから。

箭内：CMは制作部が作ってると言っても過言じゃないですからね。

坂田：制作って気配りが大事なんです。スタッフに対する愛がないと。僕はスタジオ好きですね、作ってる感じがするから。

箭内：こないだスタジオでたまたまお目にかかったとき、スキップしてましたよね(笑)。じゃあ、最後に坂田さんの遺言を聞きたいです。ズバリ坂田さんにとってCMとは？

坂田：企画した人の感性のフィルターを通して、商品のいいところを世の中に発信することかな。いまはCMにその人の価値観が見えなくて、美しくない画やコピーが多い気がします。だけど、いつからこんなに薄っぺらくなっちゃったんだろう？

箭内：マーケティングとかを言いわけにしてるんです。そこに自分の想いを乗っけることだってできるのに。だから、やっぱり坂田さんはまだ道半ばですよ。もっと仕事してほしいですね。僕はみんなでこの難局を乗りきらなきゃいけないと思ってて、このシリーズもそのために始めたんです。

坂田：なるほど。じゃあ、僕らも昔はよかったなんて言ってちゃダメかもしれない。こんなカッコしてるわりには、箭内さんってやさしいんだね(笑)。

坂田 耕（さかた・こう）
マッキャン・ワールドグループ ホールディングス 顧問

1966年に日本大学芸術学部卒業後、67年にマッキャンエリクソン博報堂（現・マッキャンエリクソン）入社。アートディレクターを経て、81年クリエイティブ・ディレクターに就任、90年制作本部長 兼 チーフクリエイティブオフィサー（CCO）に就任、96年に代表取締役社長 兼 CCO、2000年に代表取締役会長 兼 CCO、03年に取締役名誉会長に就任。04年に任期満了に伴い退任、顧問を経て、04年よりコモンズのCCO、06年よりアサツー ディ・ケイのアドバイザリーボード、エグゼクティブ・クリエイティブ・ディレクターを務める。12年7月より現職。日本広告業協会クリエイター・オブ・ザ・イヤーをはじめ、国内外での受賞多数。全日本シーエム放送連盟理事および審査委員長、CMフェスティバル委員会委員長・理事長、日本大学芸術学部コミュニケーションデザイン講師、インターネット広告推進協議会、インタラクティブ・アドアワード審査委員などを歴任。

日本コカ・コーラ
コカ・コーラ「Come on in. Coke '78 総集」篇
テレビCM（CD＋企画＋演出）

1978年

日本コカ・コーラ
コカ・コーラ
「Coke is it! '86 図書館」篇
テレビCM（CD＋企画＋演出）

1986年

日本コカ・コーラ
コカ・コーラ「I feel Coke.
'87 フィーリング・春」篇
テレビCM（CD＋企画＋演出）

1987年

日本コカ・コーラ
コカ・コーラ「I feel Coke.
'90 ベースボール」篇
テレビCM（CD＋企画＋演出）

1990年

ネスレ日本
ネスカフェ「ネスカフェ・ユースキャンペーン　君が、はじまる、朝。」
ポスター（CD＋企画）

1988年

ネスレ日本
ネスカフェ「ネスカフェ・ユースキャンペーン　君の、香りです。」
ポスター（CD＋企画＋C）

1987年

広告ロックンローラーズ

秋山 晶

秋山さん、瞬間的に幽体離脱してますよね。

（箭内）

箭内：僕、色んなところで自分は秋山さんの“息子”だって言ってるんですよ。それくらい影響受けてます。コピーはもちろんですけど、秋山さんは普段の語録もすごくて。前、九州のFCC（福岡コピーライターズクラブ）の審査に行ったときも、タクシーの中で、「世の中の前に出ていくためには、自分の前に出なきゃダメなんですよ」ってポロッとおっしゃったんですけど、そういう言葉が毎回自分にとっての宿題になるんです。あと、リクナビの仕事でご一緒したときに書いてくださったキャッチにも、すごいインスパイアされたんですよね。「生きてるうちは未来だ。」っていうコピーなんですけど。

秋山：そう思いたいですね。まあ、なかなかありえないけど。

箭内：ありえないんですか？

秋山：うん、あれが僕のキャッチフレーズだとすると、「生きてるうちは未来だ。」が表で、裏というタグラインは「秋山晶、みんな過ぎたこと。」。

箭内：いやいや、そんなことないでしょう。秋山さんはいまなおロックンロールですよ。そう言えば、「前向きなコピーを書きたいときは部屋を真っ暗にして、まず絶望に行って、そこから希望が湧き出てきたときに書くんです」っておっしゃってましたね。

秋山：時間がかかるんです。そういうコピーを書くには。サントリーの「トロピカルハイヌーン」のときも、朝も昼も部屋を真っ暗にしてキャッチを考えたんですが、それでできたのが「夏は19で止まっている。」。そしたらクライアントの偉い方が来て、「これ、すごくいいコピーだけど、うちには合わないなあ……。ハタチに変えてもらえますか」って。

箭内：へえー。でも……。

秋山：だって、お酒はハタチを過ぎてから（笑）。

箭内：なるほど（笑）。

秋山：だけど「ハタチで止まっている」じゃ風景が浮かばないじゃない？「19で止まってる」って言うから風景が浮かぶわけで。

箭内：僕が秋山さんに初めて仕事をお願いに行ったときも、年齢がキャンペーンのテーマでしたね。

秋山：ちょうど10年前。箭内さんが「風」を作るちょっと前くらいですね。

箭内：ええ、それはauの仕事だったんですけど、当時17歳の犯罪がすごくクローズアップされて、17歳はみんな悪いヤツみたいなマスコミの流れがあったから、「がんばれ17歳」ということを言いたいなと思ったんです。でも、自分で考えておきながら「がんばれ17歳」はねえなと思って、それをもっといい言葉にしてくださいっていうすごく失礼な発注をしました。まあ、僕も若かったというか、単に秋山さんに会いたかったというのもあるんですけどね。で、1週間くらいたってA4の紙でいただいたのが「ふつうの17歳なんか、ひとりもいない。」というものだったんですけど、そのとき、こういうのがコピーなんだって感じたんです。だれでも書けそうな「がんばれ17歳」から、「ふつうの17歳なんか、ひとりもいない。」を生み出せるのがコピーライターなんだと。

秋山：17歳の人はだれでも、自分はふつうじゃないと思ってるんじゃないかと思っていたんです。でも、僕はauの前から箭内さんのCMは知っていて、「L’Arc~en~Ciel」は、岡康道さんの「湯川専務」（セガ）と並んで好きでした。それで、箭内さんという人はどんな方なのかなと思ったら、芸大（東京藝術大学）を出ているという。芸大というのはすごい大学だなと思いましたね。その頃まだライトパブリシティに服部一成さんがいて、服部さんも芸大を出てるんですけど、二人は似てるんです。コマーシャルを作っても頭がファインアートなんですよ。そこがすごいと思いました。

箭内：博報堂を辞めるときに、秋山さんが僕に「箭内道彦はバーチャルだ」っていう言葉を緑のペンで書いてくださったんですけど、そのときに自分のやりたいことが腑に落ちたというか、自分がやりたいのはある意味アートでもあるなと思ったんですね。僕はアートというものにずっとコンプレックスを持っていたから、そういうものとは距離を置きたいと思って、広告を作品なんて呼ぶことがイヤな時期があったんですけど、いまは広告は仕事であるという説があまりに強くなってしまっている気がします。こうなると広告が仕事であることが言い訳にされてしまっているようで、広告もアートであるっていうぐらいの誇りを持って、背伸びというか、強がって作っていきたいなと思い始めましたね。

秋山：バーチャルリアリティって、昔は仮想現実というふうに思われたでしょ。イメージの中の現実。でも、いまのようにバーチャルリアリティが、日常生活の中でごく当たり前に空気と同じようなものになっていくと、それは現実よりもさらにリアルな現実ということになります。バーチャル＝リアルなんですよ。フェイクじゃなくて。するとやっぱりアートが本当にリアルなものとして感じられるんじゃないでしょうか。箭内さんや服部さんが革新的な道を歩いていることの背景には、アートがリアルになった状況がある。だけど、箭内さんはあえてグラフィックデザインに行きませんでしたね。

箭内：いや、行く力がなくて（笑）。

秋山：そんなことないですよ。ラルクのプリントを見ると十分にグラフィックですが、グラフィックデザインのコミュニケーションの限界ってものを感じてバーチャルリアリティに行ったんじゃないかと思うんです。グラフィックデザインはバーチャルじゃないですからね。

箭内：言葉についてはどうですか。もちろん秋山さんが作るものは、言葉だけがすべてじゃないんですけど。

秋山：言葉はすごく大事にしてますよ。一番的確な言葉を探すのがコピーだと思います。でも、歳をとるとなかなか的確な言葉が出てこなくなる。そこはやっぱり寿命じゃないかな。しかし、コピーライターは的確な言葉が見つかるまでそこを空けておくことができる。ビリヤードみたいに、穴に落とすものは最後に決めればいいわけです。ライブの人にはそれができませんから。久米宏さんってすごい人で、「的確な言葉が頭に浮かばなくなったのでやめました」って言うんですよ。それをおっしゃったのは彼が60くらいのときかな。感動しました。

箭内：秋山さんは“的確”の探し方を知ってるんだと思います。さっきの「ふつうの17歳なんか、ひとりもいない。」で言うと、広告の世界にずっといる人たちって、17歳の好きなものを調べたデータを見たりして、外側から17歳を捉えようとするじゃないですか。逆に僕なんかは17歳の中に入って書いちゃうんですけど、秋山さんは17歳の内側と外側をバランスよく、それこそ的確に行き来しているように感じるんです。瞬間的に幽体離脱してるというか……。

秋山：距離はいつもとってますね。テーマや被写体、あるいは自分の落とし込みたいところと距離をとっている。それを「幽体離脱」とおっしゃってるのかもしれません。

箭内：僕はどっちかと言うと、もう少し公私混同みたいなやり方ですけどね。で、ときどき我に返ってクライアントや社内との折り合いをつけながら、軌道修正する作業を繰り返します。でも、いまの自分の仕事が最後になるかもしれないと思いながらやっているのは、秋山さんからすごく影響を受けたことのひとつですね。以前、秋山さんにお願いしたある仕事があって、それはあるものの20周年記念の新聞広告だったんですけど、そのとき秋山さんが「人はみんな死ぬんだ」という内容のコピーを出してきたんです。それがものすごく衝撃的だったし、ものすごくよかった。あそこで僕は色んなことを考えたというか、広告でそういうことを言える仕事ができるようになりたいって思いました。その後、リクナビNEXTをお願いしたときも、そのメッセージが形を変えて「生きているうちは未来だ。」という言われ方で出てくるのを目の当たりにして、自由になりたいなって思いました。でも、そういうのって例えば、いまこの「ACCtion!」を読んでいる人たちにも、「秋山晶さんだからそんなすごいことができるんでしょ」なんて、全然別のことだと思わないでほしいなと思うんです。もちろん、秋山さんは特別ではあるんですけど、自分も特別になる努力をしてもいいんじゃないのかなーってことを読者にメッセージしたいですね。秋山さんの“子ども”を増やしたい（笑）。

秋山：人はみんな特別なんですよ。特別であることがふつうなんじゃないかと思います。みんな特別なのに、なんか見えない壁があって会社だからふつうにしなきゃいけないんじゃないかと思うのかもしれない。そりゃ短パンにビーサンではまずいだろうけど、ビルケンシュトックくらいはいいんじゃないですか。

箭内：全然いいと思います（笑）。僕、いまあるプロジェクトで本を作ってるんですけど、それ、テーマが「失敗の99％は自滅である」っていうものなんですよ。考えてみれば、自滅なんですよねホントに。いま秋山さんがおっしゃったように、だれも強要してないのに、自分で壁を作ってしまう。まあ、自分がずっとそうだったんですけどね。いまみたいな話を聞くと、やっぱり秋山さんは僕らより全然若い。すごく柔らかくて自由。だけどそれをただ無邪気にやってるんじゃなくて、これが最後のコピーになるかもしれないなんてずっと前から思いながら、的確な選択をし続けてる。その姿に切ないものとポジティブなものの両方を感じるんですね。

秋山：ただ、長く生きていると、どうしても情報が堆積しますからね。ゴミが溜まってしまう。すると、だんだんピュアじゃなくなるんです。情報はときにクリエイティブを阻害します。だから、自分じゃな

すごいね。生きてるのと死んでるのを繰り返してるんじゃないの？
（秋山）

く、情報を柱にしてものを考えるようになったらよくないと僕は思っています。ゴミを捨てようとする意志というか、気持ちは大事です。

箭内：やっぱり、意識することが重要なんですね。

秋山：ええ、情報はどんどん書いていくんですけど、アクションで消していくんです。するとやっぱり残るものはほんとに少ない。白紙に近くなる。

箭内：よく右脳とか左脳って言うじゃないですか。僕はあまり脳のこと詳しくないですけど、最近興味があるのが「左脳で壊す」っていうこと。いままでは右脳で何か思い切ったことをどんどんやってくのがクリエイティブなんだと思ってたけど、自由にものを作るには、やっぱり左脳がすごく必要なんじゃないかと最近思ってるんです。左脳でマーケティング的に考えたりだとか、右脳で何かひらめいたりするみたいな、そのどっちかだけではダメで、秋山さんはその両方の往復の仕方というか、バイパスのつなぎ方がすごい。そこが僕、アートだと思うんですね。秋山さんの姿自体がアートなんじゃないかなと。色んな人に怒られるのを覚悟で言うと、そこは似てると思いますよ、秋山さんと僕……。

秋山：まあ、それはさっき言った距離感の話に近いかもしれない。映画『ベルリン・天使の詩』と同じように自分が机の前に座っているイメージがあって、2時の方向にもう一人の秋山が浮いている。それでいま書いているものをもう一人の秋山がかなり冷たい目で観察している。そういうイメージを持つと距離感が自然に出るんですよ。特にナレーションなんかは、距離感がないとよくないですね。

箭内：そう言えば、以前「ACCtion!」で秋山さんが持ってらした連載に僕が挿絵を描かせていただいたことがあって、最終回は秋山さんのポートレイトだったんですよね。それが『天使の詩』じゃないけ

ど、2人の秋山さんがいる絵なんですよ。

秋山：うん、さすが芸大のデッサンの試験を一番で通った方の絵だと思いました。幽体離脱してるんです。

箭内：だけど、秋山さんの作るものって決して分裂したりはしてなくて、統一感があるじゃないですか。コピーだけじゃなく映像にしても。牧鉄馬さんだったりサノ☆ユタカだったり、監督は色んな方が

やってるのに、全部秋山さんが撮った映像に見えるんですよ。それはたぶん、映像自体の力と秋山さんの何かが化学反応を起こしてるんですよね。

秋山：僕の好きな人っていうのかな。そういう人が一緒に仕事してくれてるから、そうなる部分もあるんじゃないですか。

箭内：なるほど。僕もそれに近い感覚はあって、よく自分で「空っぽ」って言うんですけど、いかに自分を空洞な状態にして人前に出せるかが重要だったりするんです。もちろん、それはすごく緊張するしドキドキするけど、自分をこう、消したり出したり、染まったり染め返したり……。

秋山：まさにバーチャルですね。

箭内：ですかね。もともと自分はあやふやな少年だったので、そういう曖昧なことじゃいけないんだって社会に教育されて、会社に入ってからも「オレはこれだ！」って言い切れる自分になれるように訓練してたんですけど、いつまでたってもそうなれなくて。まあ、僕の場合、それが自滅への道だったんですね。で、どんどん結果も悪くなって、本当にもう越えられない壁が目の前に現れたときに、これはもう自分を消すしか壁の向こうに行けないんだなと切羽詰まった結果、そうなっていったんだと思うんです。でも自分を消してみたら、ものすごく面白いことがたくさん起きることに気がつきました。まあ、叱られることもたくさんあるんですけど（笑）。

秋山：すごいね。生きてるのと死んでるのを繰り返してるんじゃないの？

箭内：いや、でもそうです。存在してない可能性あります、僕は（笑）。ときどき自我が出てくることもあるけど、存在してない時間のほうが多いというか、色んなことをやってるから、よけいに若い人たちが箭内道彦ってこんな感じかなーなんて勝手に描いてくれて、そっちが自分になるみたいな不思議な感覚ですよ。

秋山：その人にとっての“箭内道彦”がいっぱいあるんでしょう。これ以上のバーチャルはないよね。

箭内：秋山さんの隠し子ですから。

秋山：いやあ、芸大出の子どもはちょっと……荷が重いよ（笑）。

秋山 晶（あきやま・しょう）
ライトパブリシティ代表取締役CEO／クリエイティブディレクター、コピーライター

1936年生まれ。立教大学経済学部卒。東京アートディレクターズクラブ委員。ADC賞グランプリ、ACC賞グランプリ、第46回日本宣伝賞 山名文夫賞。著書に『秋山晶全仕事』（マドラ出版）、『D.J.SHOW 秋山晶の仕事と周辺』（六曜社）、『アメリカン・マヨネーズストーリーズ』（ビジネス社）。

キヤノン　Canon AE-1
「…ing　出来事には次がある。」
雑誌広告（CD＋C）

1977年

キヤノン　Canon AE-1
「ただ一度のものが、僕は好きだ。」
新聞広告（CD＋C）

1977年

キユーピー　キユーピーマヨネーズ
「都市とマヨネーズ。」
雑誌広告（CD＋C）

1983年

キユーピー　キユーピーマヨネーズ
アメリカン
「ハンバーガーを焼くのを卒業して、
アメリカン・ジゴロになった。」
雑誌広告（CD＋C）

1983年

サッポロビール
「男は黙ってサッポロビール」
新聞広告（CD＋C）

1970年

サントリー　ジャック・ダニエル
「ナッシュビルの南。」
新聞広告（CD＋C）

1986年

キユーピー　キユーピーハーフ
「私は、ひとつのオブジェだ。」
雑誌広告（CD + C）

1999年

キユーピー　キユーピーマヨネーズ
「speed!　料理は高速へ。」
雑誌広告（CD + C）

2001年

キユーピー　キユーピーハーフ
「SUGAO　こころのメイクを落とそう。」
雑誌広告（CD + C）

2005年

マグライト
「A MAN. A LITE.」
ポスター（C）

A MAN. A LITE.
NEW

2014年

キユーピー　キユーピーマヨネーズ
「野菜を見ると、想像するもの。」
新聞広告（CD＋C）

野菜を見ると、想像するもの。

1998年

広告ロックンローラーズ

小田桐 昭

箭内：僕、前から思ってたんですけど、小田桐さんほど、若いCMプランナーたちの仕事を愛情深く見てる方っていないと思うんですよ。

小田桐：愛情は濃いほうかもしれませんね。

箭内：電通を辞めたあとに、「電通を慌てさせたい」っておっしゃったのは、あれは愛情の深さゆえのことですよね。

小田桐：あまり慌てさせられなかったかなという気もしてますけど。まあ、電通には若くて才能のある人がたくさんいますから、わかってくれるはずだと。でも、僕は電通だけではなくて、みんなを慌てさせたいし、お尻もたたきたいんですね。

箭内：どこが慌ててないポイントなんですか、いま、みんなは？

小田桐：そうですね。知らないふりしてると思いますね。自分の仕事がほんとに正しい仕事になっているかどうかを知ってるのに、知らないふりしてる。それは本当に腹立ちますね。もちろん、いまは状況が悪いというのもありますけど、でもひどすぎると思います。去年のACC CM フェスティバルは箭内さんも審査員でしたからご存知かもしれないけど、「あの中には限られた人しかいなくて、お手盛りの結果だ」なんて言う人がいますよね？ でも、仕方ないとこありますよ。評価に値するものがあまりにも少なすぎて。

箭内：そこも含めて知らないふりしている人もたくさんいますよね。

小田桐：たぶんそうだと思います。そうじゃなきゃ、あんなに大勢の人がぼんやりしてないはずだから。みんなで目をつぶっていようって思ってるのかもしれないけど、そういうのは許せないですね。

箭内：いいですね。僕、そこが好きなんですよね、小田桐さんの。でもみんなが慌てない理由のひとつに、慌ててしまったときの自分をどう成立させるかということへの恐怖というか、自分を保てなくなる不安があるんじゃないですか。昔、僕もそれが恐かった。そんなとき、どうすればいいんですか？

小田桐：結局、人が育つためには、自分を刺激してくれる人が近くにいることが一番大切ですから、その意味では会社ってすごく大切だと思うんです。フリーの人は、どうしても一人で自分を奮い立たせて刺激を与えたりしないといけないわけですが、会社は自分のそばにいる誰かがいつも自分を慌てさせてくれる。その力はすごいと思います。ある年代の同期生からたくさんのスターが生まれることがあるのは、競争しあってお互いに慌てさせているから。その意味では、岡（康道）は最初から慌て方も突出してましたね。

箭内：『ACCtion!』を読んでいる方の中には、色んな会社の人がいるし、小さな会社で同期入社が自分1人だけという人もいる中で、あえて電通や博報堂に限ったことを話すと「どうせお前らは…」ってなっちゃうかもしれないんですけど、その慌て方自体も電通と博報堂ではちょっと違ってて、博報堂は学校における競争という感じがします。全員をギリギリ見渡せる人数なんで、だれがすごいことやったとか、だれがプレゼンに勝ったとか、全部わかっちゃいますから。それは刺激があるんだけど、比べられ続けて気が狂いそうにもなるわけです。「オレは一体何やってるんだ……」みたいに。一方、電通って人数が博報堂の倍いるから、全員の動向がひと目でわかるわけじゃない。そこが電通のよさでもあり、もったいないところでもあると思うんですけどね。だから僕、電通と博報堂の中間くらいの人数の会社があったらいいなと思うときがあります。自分に関

このままいくと広告っていう仕事が、なんだかわけのわからないものになってしまう。

（小田桐）

して言うと、博報堂の中で慌て続けることができたのは幸せでした。周りを見てると慌ててないふりする人がたくさんいた気がします。「オレ、海外ロケに行ければそれで楽しいから」とか「おいしいものが食べられて、そこそこいい給料もらえればそれでいいから」なんて、モチベーションをどこかですり替えたり、自分に嘘をついたり。

小田桐：やっぱりテレビをやってるということで、安心しているところはありますね。CMプランナーというのは電通から始まって日本にしかない職種ですが、CMを企画すると同時に、どうやってテレビを世の中にとってよりよいものにしていくかということも考えていたのに、いつからかテレビに関わること自体が特権みたいになり、勘違いしてチャラチャラした感じになってますよね。

箭内：ロックですね、小田桐さん（笑）。僕も日頃から無理矢理激しい発言をするようにあえてしていて、読んでる人たちにも「え？」とか「ムカつく」と思ってもらえるような話をあえてするように心掛けてるんですけど、全然かないません、小田桐さんの発言のパンクさには（笑）。

小田桐：いえいえ、そんなことは。

箭内：この穏やかな口調と表情だからこそ、そして実績があるからこそ言えることだと思うんですけど、そうとう強烈なこと言ってますよね。

小田桐：でも、やっぱり腹立ちますから。自分の仕事をよくしようとしないのは、自分のためにもならないし仲間のためにもならない。

箭内：クライアントや世の中にも失礼ってことになってきますよね。

小田桐：だれも何も言わない感じがあるんですよ。ビジネスさえうまくいけばいい、プレゼンに勝ちさえすればいいと思ってるんじゃないですか。自分の仕事が世の中にどういうインパクトを与えたかという部分をあまり意識してないんです。そこが悔しいですね。広告を作る人はみんなそうだと思いたいんですけど、やっぱり作るものが時代や世の中の動きと一緒になってないと。そこのリアリティがないとダメだと思います。CMプランナーが単なる職業になっちゃうのは嫌ですね。

箭内：確かに広告の中で完結しますよね。もちろん、外に出かけてって歌って来いとか踊って来いという意味じゃなく、自分のやっていることはイチローと比べてどうなんだろうとか。そういう意味でも見ないふりしてるというか。

小田桐：だから僕、やっぱり箭内さんすごいと思う。そこに関わろうとしている。やっぱり広告っていうのはそういうもんです。

箭内：実は外に出たほうが広告は作りやすいというか、簡単にできるようになってくるんです。それにしても、この現状、どうすればいいんでしょう？ダイナミックな解決方法はないんでしょうか。小田桐さんと僕で新しい会社作るとか。3000人ぐらいいきなり雇って（笑）。

小田桐：岡はそこを狙ったんでしょうけど、彼が革命的なことをなし得たかと言えば、まだ道半ばだと思います。

箭内：でも、岡さんのことはちょっと利用したほうがいいですよね。僕らより資金力もあるでしょうし。僕らっていうと失礼ですけど（笑）。

小田桐：岡はすごいですよ。箭内さんもそうですけど、若い人たちを意図的に惹きつけようとしていますからね。そうじゃないと広告の仕事がチャーミングにならない。それから箭内さん、2005年でした

我々の業界って自浄作用が低いじゃないですか。聞こえないふりもできちゃうし、自分たちで小さく褒めあうことも得意だし。
（箭内）

っけ？

箭内：「広告サミット」ですね。あれ、またやりますよ。

小田桐：あれを見て、若い人たちが広告に興味を持っている、ある種の情熱を持っているということがわかって、僕は感動しました。あれ、一人でやったんですか？

箭内：いえいえ、もちろん一人じゃないです。岡さん、佐々木（宏）さん、（佐藤）可士和さん、他にもたくさんの人たちと一緒に。自賛に聞こえるとあれなんですけど、あのあと「広告サミットに行ったから僕は広告を目指し、そして広告業界に入りました」っていう若者たちにたくさん出会いました。その後5年間、そういうことを怠けている自分を反省するくらい「広告サミット」は必要なんだと改めて思いましたね。

小田桐：もう一回、ああいうことをやったほうがいいですよ。

箭内：もちろん。これから広告業界に入りたい人もたたき起こしたいですけど、不景気で採用人数が少なかったり、試験にうまく通らなかったりもして不確定な部分もあります。本当はいまいる人たちに変わってもらうのが一番手っ取り早いと思うんです。

小田桐：それが一番手っ取り早い（笑）。なぜかと言えば、若い人が入っても、すぐ広告業界に幻滅してしまうわけです。アイデアなんてどうでもいい、タレントと音楽探して来いみたいに言われて。もちろんそういうことも伝えないといけないのですが、そういった作り方ばかりをしていると、だいたいすごく仕事が薄いものになっていく可能性が高い。そして、そういうことに絶望して辞めてしまう人が多いんです。

箭内：僕はそこに対しては、半分責任はとらなきゃと思いつつ、彼らがそれこそ慌てながら10年後に何をしてくれるかというところに期待したいですね。ところで、小田桐さんが先ほどおっしゃった「みんなを慌てさせようと思ったけど、なかなかうまくいかなかった」部分はなんだったんですか？小田桐昭の誤算とは。

小田桐：僕は電通を辞めたあと、オグルヴィ＆メイザーという外資系の広告会社に移りましたから、そこから揺さぶりをかけようと思ったんです。いわば電通が決めたルールを外資系から崩して、クライアントの目も覚ましたかったんですね。ところが、外資系の広告会社のお得意先はグローバル企業が多く、仕事の中身もアダプテーションがメインですから、量を打ち出せなかったんです。たまに面白いことをやっても、結局は大きな波の中で見えなくなってしまう。本当はもう少し日本のクライアントをこちら側に引き寄せたかったのですが、クライアントからは「これまで仕事をしたことがない外資系と組んで失敗したら大変だ」ということが多く、思ったようにうまくいかないんです。

箭内：小田桐さん、いまおいくつでしたっけ？

小田桐：71です。

箭内：71ですか。あの、ふつう「71だったらもういいんじゃないの？」っていうふうに言う人もいるじゃないですか。「もうゆっくりしたら？　長い間おつかれさまでした」みたいな。でも、全然そんな感じもなく怒り続けられるのはどうしてなんでしょう？

小田桐：「いいかげんにしたら？」って思っている人はたくさんいると思いますよ（笑）。自分でも「恥ずかしい」と思っている。往生際という点で。

箭内：それでもいいかげんにしない理由ってなんなんですか？

小田桐：そうですね。やっぱりいま危ないって思ってるんですよ。このままいくと広告っていう仕事が、なんだかわけのわからないものになってしまうおそれがある。僕は広告の仕事がすごく楽しいし、若い人にとっては、自分の才能やチャンスを賭けるに値する仕事だと思っているんですけど、そんなふうに全然見えなくなってきて、ただ辛い仕事みたいになって……。あと、そういうことは僕にしか言えないことでもありますからね、立場的に。

箭内：そうですね。代理店なら広報室に呼び出されそうですね。

小田桐：うん、ブティックの場合でも、お得意さんに向かって言いにくいということもあるでしょう。その点、僕の場合、失うものは全然ない（笑）。会社

も困らない。だけど、電通を辞めて広告から引退しようと思ったときは、もう何も言わないぞと思ったんです。

箭内：引退しようと思ったんですか？

小田桐：そうなんです。というのも、僕はずっとエージェンシー育ちでしたから、エージェンシーでの仕事が自分の仕事だと思っていたし、頼まれた仕事くらいはやるとしても、ほかのところに勤める気はありませんでした。でも、黙って見ていられなくて。

箭内：あの、この場で話すことじゃないことかもしれないんですけど、「CM JOURNAL」の菊地由美さんがお亡くなりになりました。そのとき「悲しいお知らせがあります」というメールを編集部の須永君からいただいて、添付ファイルを開いてみたら、小田桐さんの手紙が入ってたんです。で、「あ、菊地さんは小田桐さんとそんなに仲がよかったんだ」と

思うと同時に、小田桐さんのこれまでの発言が、菊地さんの書いてきたことと自分の中でオーバーラップした部分があるんです。実は菊地さんって、僕が博報堂を辞める一週間前に僕のインタビューを載せて、厳重注意を受けたんです。でも、それくらいジャーナリズムの側から「日本の広告がこのままでいいのか？」っていうことを別の立場から怒ってくれてた人だなと思うんです。『広告批評』の役割も河尻（亨一）さんがまた別の道を探してるんですけど、そうやって慌てない人たちを慌てさせたり、知ってるのに知らんぷりしている人たちをドキッとさせたりするものがACCの会報も含めて必要なんだと、菊地さんのことがあって改めて思ったんですけど、いかがですか？ そのあたりは。

小田桐：菊地さんがユニ通信社を辞められたあとで、もう一回やらないかと持ちかけたのは僕なんです。なぜなら彼女の書いていた「CM通信」の巻頭原稿をすごく楽しみにしていたから。

箭内：そうだったんですね。

小田桐：ええ、会社を辞めることで菊地さんの能力というか、根っこが枯れてしまうともったいないですから。あの切れのいい啖呵を読みたい。そういう人がけっこうたくさんいましてね。それで菊地さんに、彼女自身が自分の記事を読んでもらいたいと思っている人を挙げてほしいと言ったところ、52人の方の名前を挙げました。で、僕がその人たちに「彼女はもう一回チャレンジしてみたいようだ」という内容の手紙を書いたところ、47名もの方々が賛成してくれて、「CM JOURNAL」は最初はそこからスタートしたんです。でも、彼女はほんとに大変だったと思う。「CM JOURNAL」はポジションや主張がはっきりしていただけに……。彼女は正義感が強かったですから、いつも怒ってましたね。めったに悪口は言わない人ですけど、ときどき僕のところに来て思いを吐き出すこともあった。彼女が亡くなって広告のジャーナリズムがどうなっていくのか心配ですよね。『広告批評』もなくなったし。

箭内：我々というか、広告業界の人たちって自浄作用が低いじゃないですか。聞こえないふりもできちゃうし、自分たちで小さく褒めあうことも得意だし。でも、広告という世界はだれかに見守ってもらったり、叱ってもらったりし続けないとどんどん狭くなりそうで、だから僕は「CM JOURNAL」がなくなるのがすごく心配で。

小田桐：そうですね。ちょっと心配ですね。我々では言えないことがやっぱりありますから。広告について世の中との関係でキッチリ言う人がいたり、そういう場所がないとちゃんと育たないです。

箭内：これってすごく難しい問題だと思うんですよ。ACC賞だって審査員を全員クリエイターにするという大改革があって、いままでにない議論をしているし、審査会で小田桐さんが一人で主張して、ほかの人が猛反対するシーンもあるくらいですからね。つまり、小田桐さんのような大御所がいいと言えば、それが賞を獲るのかっていうとそうじゃない。ある種、中立性の高い審査なんですけど、あれも聞こえないふりをしている人たちから見ると、審査員が自分たちで作ったものに自分たちで賞を与えているみたいな構造にどうしても見えてしまって、一部の人以外はACC CM フェスティバルに対して冷めてるんじゃないでしょうか。

小田桐：そう思いますね。それもすごく心配です。今回の『ACC年鑑』に、「その他大勢」ということを書いたんですけど、その人たちが本当に自分のことを「その他大勢」だと思っているかどうかもあやしい。僕はもう一回「その他大勢たち」の頑張りを

僕は本当にみんな幸せに仕事してほしいし、もっといいものが見たい。それだけなんです。

（小田桐）

見たいのですが、言ったところでたぶん自分のことじゃないと思ってるだろうし……。

箭内：……難しいですね、ほんと。心の中で何か思っているだけじゃ、みんなを勇気づけることができないんだなってちょっと最近思ったんですよね。実際に何かアクションを起こすとか宣言をするとか、もしくは作るもので何か伝えていくしかないと。だから、「お前なんか広告をただ作ってりゃいいんだよ」っていう人もいるかもしれないけど、こういうところでも読んだ人の大半がムカつくような対談をしたりとか、そういうのが必要だと思うんです。すると「そんなこと言ってる箭内はどうなんだ？」って追い詰められていく。僕にとってそういうことが大切なんです。

小田桐：僕がいま、問題だと思っているのは、クリエイティブディレクターの役割が曖昧になっていることなんです。なのに、そのことをみんな言わないんですよ。それを言うと、「結局、お前はどうなんだ？」って自分のところに返ってきますから。まあ、責任をとらない人たちが平気でクリエイティブディレクターをやってるんです。ただアイデアさえ集めればいいんだ、くらいの感覚でね。

箭内：もらったオリエンをみんなの前で読み上げて、来週の水曜日までに企画を出すようになんて言って、それを選ぶだけの人になってますよね。

小田桐：ええ、クリエイティブディレクターというのは本来選ぶだけの人じゃないんですよね。やるべきことがキッチリあるわけです。

箭内："セレクション"と"ディレクション"は一文字違いのようで、その中身は全然違いますよね。

小田桐：ディレクションしてないから、スタッフが疲弊したり、"その他大勢"になってしまうわけです。もちろん、その他大勢になってしまう本人も悪いんですけど、そうさせてる人たちがいるんですね。いまは昔に比べて世の中が一層複雑になっているぶん、広告もすごく複雑になってきているから、以前にも増してクリエイティブディレクションの役割が大切になってきているはずです。

箭内：それにも関わらず、クリエイティブディレクターが会社の中での単なる出世の象徴になってるところもありますよね。10年くらい前からだと思うんですけど、名刺にその肩書きが入っていることで箔がつくというか。あとクライアント側も「うちの仕事にはクリエイティブディレクターつけてくれるの？　つけてくれないの？」みたいに、結局サービスの情熱のバロメータにされている面があると思います。そういえば僕、10年近く前、残間里江子さんとテレビの仕事でご一緒したとき、「あなたクリエイティブディレクターなんだったら、その仕事をあなたが有名にしなきゃダメなのよ。それが何をやる仕事なのかみんながわかっていないなら、ちゃんとそれをわかってもらえるようにしなさい」って言われたんです。そこで一回覚悟したんですけど、最近やや挫折気味なんですよ（笑）。クリエイティブディレクターってまず名前からして曖昧ですよね。CMを企画するからCMプランナー、コピーを書くからコピーライターという、ほかの職種のわかりやすさに比べると。例えば、僕がテレビに出るときも、「CMディレクターの箭内さんです」って呼んだほうがみんなが腑に落ちるっていうか安心できるんです。「クリエイティブディレクターです」なんて紹介されると、「ハイパーメディアクリエイターと何が違うの？」みたいなところがあって（笑）。それで改めて聞いてみたいんですけど、小田桐さんが考えるクリエイティブディレクター像ってどういうものですか？　クリエイティブディレクターと

この話載せてもいいですか？
小田桐さんじゃないと言えないことですから。
（箭内）

そうじゃない人の境目はどこにあるのか。

小田桐：正しい方向を決められるかどうかじゃないですか。あと、クライアントとの関係をきちんと作れるかどうか。大島征夫や佐々木宏は僕が尊敬するクリエイティブディレクターですが、彼らはクライアントを説得するのが巧みなだけでなく、その企業がどこに行きたがっているかを知っていて、きちんとそこに連れていくことができる。スタッフも含めてみんなをね。人間の限られた能力をそこに集中させることができるんです。ばら撒きではダメなんですよ。アウトプットを想定した上で狙い通りのところにもっていかなきゃいけない。

箭内：今後日本の広告が進化していくチャンスがあるとすれば、やっぱり優秀なクリエイティブディレクターがたくさん現れるってことですかね？

小田桐：もちろんです。

箭内：でも、なぜ現れてこないんでしょうか。コピーやデザインと違って師弟制度みたいなものがないことも関係しているのか……。

小田桐：ひとつハッキリしてるのは、「クリエイティブディレクターとは何か？」ということに対して、みんなできるだけ黙っていようというようなこの風潮でしょう。そこが明らかになってしまうと、クライアントにそれを求められるようになってしまいますから。クリエイティブディレクターたちはそれを恐れてるんじゃないだろうか。自分の部下たちから「何にもディレクションしてないじゃないか！」と言われることへの恐怖感を多かれ少なかれ感じているはずです。それを感じていないクリエイティブディレクターは、僕はいないと思います。だけど自分でできないから、職権をたくさん集めてやるしかない。それもまたひとつの知らないふりですね。自分のやるべきことがわからないなら聞けばいいんだけど、いまさら聞きにくいのか。

箭内：聞きにくいですねえ、それは……（笑）。

小田桐：「なんだよ!? お前何年クリエイティブディレクターやってんだ！」って言われるのがオチだから。

箭内：まあ、これは人に教わることでもないような気もするんですけどね。でも、どうやってその力をつければいいのかのヒントだけでも、小田桐さんに聞いてみたいですね。この対談を読んでいる幸運な人だけに話してもらえませんか？

小田桐：結局、良いディレクションを“見る”しかないんでしょうね。そこから学ぶしかないと思います。僕が国鉄の仕事をやってたときに、大島にクリエイティブディレクターをやってもらったんだけど、彼のプレゼンテーションを見てビックリしました。「なるほど、こういうふうにやればいいんだな」

と。けっこう目から鱗でした。そういうふうに見てわかるものなんです。電通時代は、博報堂の宮崎（晋）さんのやり方をなんとか盗みたいと思ってましたね。例えば「としまえん」に大貫（卓也）さんを起用したりして、若い人たちの能力が目的に向かって走っていくようにディレクションしてましたから。「問題」の設定もふくめて、我々もそういう力が必要だなと思ってやってました。広告会社がもう少し意識して、クリエイティブディレクターを育てていきたいと思うのであれば、クリエイティブディレクター候補者に本当のやり方を意識して見せていけばいいんですよ。あとは、そういったやり方をどうやって体系化するかでしょう。まあ、これも難しいことではあって、僕が電通にいるときも、クリエイティブディレクターの職能をハッキリさせたいと思っていろんなことをやったんですけど、なかなかみんなちゃんとやってくれないんです。照れちゃってね（笑）。とはいえ、その部分をきちんとしない限り、日本の広告は無駄なエネルギーを消費するだけになってしまうんじゃないですかね？

箭内：でも、実際難しいんですよね。「名選手は名監督ならず」じゃないですけど、例えば宮崎さんがデザイナーのときにどんだけすごいものを作ってたかって言うと……。まあ、これ、ご本人に言えば「作ってたよ！何言ってんだ箭内っ!!」って怒られると思うんですけど（笑）、宮崎さんはクリエイティブディレクターになってから明らかに新境地を開拓したところがあると思うんです。そもそも適性がちょっと違いませんか？制作会社のプロダクションマネージャーがやがてプロデューサーになるのもちょっとおかしいと僕は思ってるんですけど、優秀なデザイナーやコピーライターが必ずしもクリエイティブディレクターとして優秀だとは限らない。逆に自分で作ることがあまり得意じゃない人がクリエイティブディレクターになった途端に花開くことだっていっぱいある。で、そういう異色のクリエイティブディレクターがどんどん出てくることが、また広告が元気になるチャンスなんじゃないかとも思うんです。野球で言うと、仰木彬監督は“名クリエイティブディレクター”だったと思うんですね。オールスターでイチロー選手にピッチャーさせたり、パンチ佐藤とイチローをカタカナ表記に変えさせたり、野茂英雄のトルネードを矯正しなかったり、イチローの振り子打法も然り。そういう意味では広告の世界だけにクリエイティブディレクターの先生がいるわけじゃなくて、もしかしたらアフリカの大統領のクリエイティブディレクションを広告に取り入れていったり、仰木マジックみたいなものをいまの仕事でやれないかと考えていく発想が必要なんじゃないかと。そうなれば、いろんなクリエイティブディレクターが出てくるような気がす

るんですけど。

小田桐：そうですね。「問題」を見つけて、もっともふさわしい「答え」を表現というカタチで提示できる“クリエイティブディレクター”っていうのは、広告代理店だけじゃなくて色んな世界に必要なはずですから。

箭内：ファッションもそうですよね。トム・フォードとか。

小田桐：ですから我々も外に出て行ったほうがいいということです。内にこもらないで。広告という仕事は「問題と解決」というすごいことをいつもやってるわけですから、だいたい何でもできちゃうわけですよ。何でもできちゃうって言うと語弊があるかもしれないけど、例えば建築だったりファッションだったり音楽なんかもディレクションできるかもしれない。まあ、箭内さんなんかはそれをやってらっしゃるんでしょう。

箭内：自分ができることを外に持って行くだけじゃなく、外で見つけたことをまた持って帰る繰り返しが面白いんですよね。フィードバックが楽しい。

小田桐：いまは本当に内側だけで完結してる気がする。外から持ってこれてないんですよ。自分の話をすると、若いときはラジオ・テレビ企画制作局という番組の企画制作をやっているセクションだったんですね。僕はそこから始まったわけです。で、その頃言われたのが、例えば酒を飲むのだったら「社内のヤツと絶対飲むな」と。違う業界の人と飲みに行くように言われてましたね。いま考えてみると、CMプランナーとしてコンテを描くだけでなく、別のいろんな才能に出会ったり、育てたりする、ある種のプロデュース能力を身につけるように教えられていたんです。だから、いまの若い人が、あんまりこじんまりと、いわゆるスタープランナーみたいにまとまっちゃうのは少し危険だなっていうふうに思ってるんですけど。

箭内：これ、全然反対の話かもしれないですけど、博報堂に戻るのもアリなんじゃないかと真剣に思うときがあって。わりと言ってるんですけど、外に10年ぐらいいると、「もっとこうすればいいのに」とか「もったいない」なんて思うことが多くて、なんで「戻って来い！」ってだれも言ってくれないんだろうって寂しくなるときがあります（笑）。

小田桐：いや、十分あり得る話じゃないですか。博報堂を動かせば、だいぶ変わりますから。

箭内：たぶんそうだと思います。

小田桐：僕も博報堂はもったいないことしてるなって思います。そもそも博報堂は立つ位置がハッキリしていて、電通をやっつけるポジションですからね。ちょっと前までは「クリエイティブは博報堂だろう」って言われた時期もあったんですね。東海林（隆）さんが社長になったあたりで。

箭内：東海林さんは元々アートディレクターですからね。

小田桐：ええ、電通と博報堂にはそもそも「メディア」と「クリエイティブ」という対立軸がハッキリあって、クライアントもそれを利用して電通にプレッシャーをかけることができました。でも、いまは電通も博報堂も同じ感じですからね。博報堂が電通に似てきたというか。

箭内：そうですね。

小田桐：クライアントも困ってると思う。ビジネスさえうまくいけばいいっていう競争になっちゃってるから。

箭内：博報堂の人たちにしてみれば、そんなの無理だってことになるのかもしれないけど、それにしてもいまの小田桐さんの話は結構イケてるじゃないですか。この話載せてもいいですか？ 小田桐さんじゃないと言えないことですからね。

小田桐：いろんな人が言うべきだと思うんですよ。どうして僕だけが言わないといけないのか。なんか面倒な人だなって思われてるかもしれませんけど（笑）、僕は本当にみんな幸せに仕事してほしいし、もっといいものが見たい。それだけなんです。

箭内：あのう……聞き方次第では失礼になるかもしれないんですけど、小田桐さんの今後の予定ってどうなってるんでしょう。さすがに200歳までは生きないと思うんですけど、こうやって怒り続けていくんですか？

小田桐：そうですね。難しいですね。僕はいま外資系にいて少なくとも広告の仕事に携わってるから、こういうことも言えるわけです。自分の発言に対して「じゃあ、オグルヴィはどうなんだ？」って言われるかもしれない。そこの覚悟はありますから。まったく無関係な場所で無責任には言えないですよ。ある種、焦りみたいなものもあります。オグルヴィにいつまでいるかわかりませんから。あまり時間がないかもしれない。

箭内：いや、次の会社、内定してますよ、うちに。小田桐さんにうちの会社に来てもらって、僕は博報堂に行きます（笑）。そうだ、カンヌ（現：カンヌライオンズ 国際クリエイティビティ・フェスティバル）のこと聞いていいですか、最後に。僕は10年くらい前に一回カンヌに行ったことがあるんです。博報堂で毎年2人ぐらいずつ、ご褒美だから行っておいでみたいなのがあって、それで行ったんですけど、ものすごい気後れしたというか、コンプレックスを感じたんです。これは小田桐さんに叱られるというか、小田桐さんとスタンスがもっとも違う部分だと思うんですけど、広告知能みたいなものを競い合うことに対して違和感を抱いたんですよね。で、「ここに来たら自分はダメになるな」って思って、もう一生来ないって決心したんです。自分は日本だけで通用するものを作ろうと。僕にとってはそう思わせてくれたのがカンヌで、その意味ではすごくカンヌに感謝してるんですけど、なぜか今年行っちゃったんですよ。日本テレビの『アナザースカイ』っていう番組の企画で、「あなたにとって大きな意味を持つ海外にもう一度行ってみませんか」みたいなのがあって。

小田桐：番組で？

箭内：ええ、番組と一緒に行かないとコワくて行けないような場所だったんで（笑）。でも行ってみると、やっぱり発見があるわけです。あいかわらず自分の頭がフリーズしてしまうような作品が並んではいたんだけど、さすがに10年経ってオトナになったのか、そういうものと自分の作るものの何が違うのかっていうことが言えるようになっていたり。あと、たくさん作品がある中で、一つとか二つは、「すごいな！悔しいな」とか「これだったらオレもできるのに」って思うものもあったりして、そういうのは面白かったんですよね。デビッド・ドロガっていうアメリカのクリエイティブディレクターとお話させてもらったり。40半ばになってカンヌとの付き合い方のやっと入り口に立てたというか、カンヌって面白いし難しいなって改めて思いました。で、聞いてみたいのは、小田桐さんって"Mr.カンヌ"的な側面もあるじゃないですか。

小田桐：そうかなあ（笑）。

箭内：どうして色んな国の広告に対してプレーンでいられるんですか？

小田桐：そうですね。やってることの本質は変わらないから。広告は文化でもあるから、国によって文化の違いは出るんですけど。カンヌでいいなと思うのは、人間って同じだっていうことを確認できるんですね。アウトプットされたものはもちろん違いますけど、アイデアで人を動かしたり、驚かせたり、楽しませたいっていう部分はまったく変わらない。「人間ってすげーな」とか「こんなこと考えるヤツがいるんだ」とか「こんなこと言われるとは思わなかった」といった気づきはありますよね。カンヌはそういった普遍的なものの戦いの場だと思うんです。結局人間の不思議さとかおかしさみたいなものが浮き上がるんですね。だから純粋に見ればすごく楽しい。ただ、「どうして日本のCMは賞が獲れないんだ？」とか、「どうして自分のCMはこんなにだれも見てくれないんだ？」なんて思ったりしちゃうと、まあパニックになるでしょうね。それで人によっては腹いせに、カンヌなんて相手にしないとか、あんなので一喜一憂してられるかって言うんですけど、客観的に見て、やっぱり日本の広告がアイデアや表現の幅が狭くなっているのは確かです。「15秒とタレント」という日本のCMの現状の結果であって「文化」だけの問題ではないと思っています。こんな言い方はイヤですが、「昔のCMはもっと面白かった」。だから、疎外感があるのは仕方ないとも思います。まあ、いまはカンヌも巨大になりすぎてますし、過大評価されている部分はあるんですけど、それでも参加する価値は十分あると思うし、できれば毎年行きたいなと思います。箭内さんもこれにめげず（笑）。

箭内：いや行ってよかったです。今年はすごい行ってよかった。

小田桐：行くとビックリするものがありますよね。逆に「なんでこんなの選んだんだ？」っていうのもありますけど（笑）。

箭内：あと、昔と違って“CMとそれ以外”みたいな空気じゃなくなってるじゃないですか。もう部門がなくなっちゃったら面白いのにと思うくらい、色んな部門があるんですけど、なかでも「プロモ＆アクティベーション」っていう部門があって、僕はその「＆アクティベーション」っていう言葉がものすごく気に入ってしまったんですね。「プロモ」っていう言葉はついてますけど、これって別に「CM＆アクティベーション」でもいいし、「風とロック＆アクティベーション」でもいいんじゃないかと。「＆アクティベーション」っていうのは今年からついたそうですけどね。

小田桐：だんだんそうなってますよね。

箭内：人を行動に駆り立てることが、広告のこれからすべきことなんだなって確認できたのがすごくよかった。

小田桐：やはりクライアントだけ見てると、なかなかそこへ行かない。こうなると、CMプランナーなんてうさんくさくて嫌なやつらだなということになりかねません。

箭内：まあ、それはデザイナーでもコピーライターでも全部そうだと思うんですけど、ひと通り全部うさんくさいと思われてますよね？ 広告にはもっと夢があって、みんなが憧れる仕事だというふうに全員を戻していかないと。

小田桐：それはぜひ。僕に何かできることがあれば何でも。

箭内：よろしくお願いします。

小田桐：さしあたりもう一回「広告サミット」を。

箭内：そう。ほんとやりますから。前回からちょうど5年たちましたからね。

小田桐：手伝えること何かある？

箭内：ぜひ中心でお願いします！　いやあ、今日は本当にどうもありがとうございました。楽しかったです。ちょっとしびれましたね。

小田桐昭（おだぎり・あきら）
小田桐昭事務所 代表／クリエイティブディレクター、CM プランナー、アートディレクター

1938 年生まれ。1961 年、金沢市立美術工芸大学グラフィックデザインコース卒業。同年、電通に入社し、テレビ CM のプランニングに従事。1998 年より小田桐昭事務所主宰。2003 年から 2013 年まで、オグルヴィ＆メイザー・ジャパン名誉会長。ACC 賞グランプリ、IBA 部門賞、クリオ賞など国内外で 200 以上の賞を受けている。代表作には松下電器 クイントリックス「英会話」篇、トランザム「高見山」篇、日本国有鉄道「フルムーン」、東京海上「ビリヤード」篇、資生堂 ギア「マスク」篇、三菱鉛筆「3600 本の替芯」篇など。著書に『CM』（共著、宣伝会議）。絵本、雑誌、装丁のイラストレーションも手掛ける。朝日新聞のコラム「日野原重明 103 歳・私の証あるがままいく」のイラストレーションなど。東京アートディレクターズクラブ、ニューヨーク・アートディレクターズクラブ、東京イラストレーターズソサイエティ会員。金沢市立美術工芸大学客員教授。

松下電器　クイントリックス
「英会話」篇
テレビ CM（企画）

1974 年

松下電器　クーガ
「母の国の声」篇
テレビ CM（企画＋演出）

1976 年

松下電器　トランザム
「高見山」篇
テレビ CM（企画）

1978 年

松下電器　テクニクス
「涙」篇
テレビCM（企画＋PR）

1982年

松下電器　マックロード
「うちの子いちばん」篇
テレビCM（企画＋PR）

1984年

東京海上
「ビリヤード」篇
テレビCM（企画＋PR＋C）

1983年

日本国有鉄道
フルムーン夫婦グリーンパス
「お風呂」篇
テレビCM（企画＋PR＋C）

1984年

三菱鉛筆　三菱ハイユニ替芯
「3600本の替芯」篇
テレビCM（企画＋PR＋C）

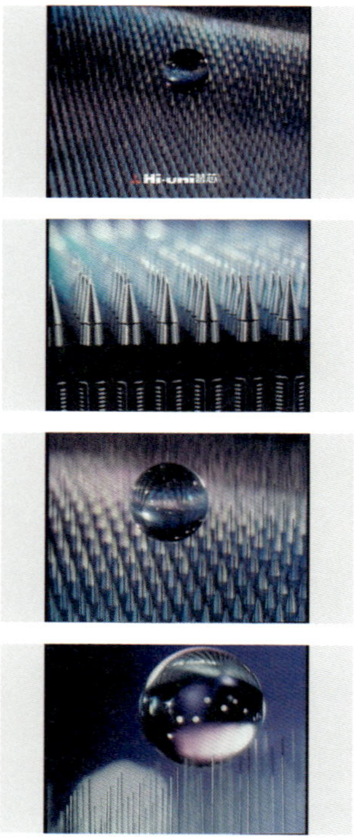

1985年

資生堂　ギア
「マスク」篇
テレビCM（PR）

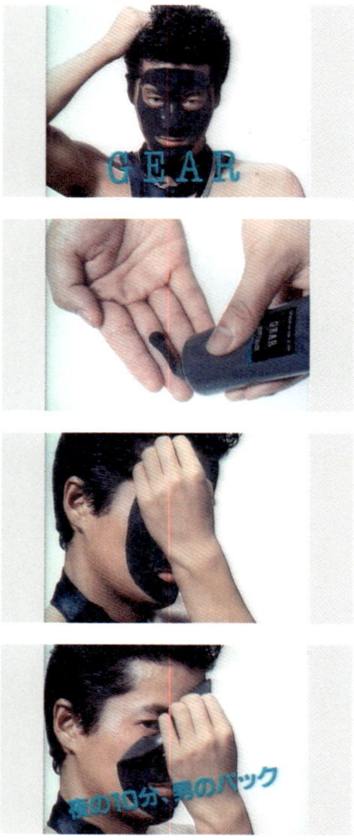

1987年

東京アートディレクターズクラブ
「エイズ」篇
テレビCM（CD＋企画＋アニメーション）

1993年

サントリー　サントリーホール
テレビCM（CD）

1998年

広告ロックンローラーズ

宮崎 晋

箭内：宮崎さんって、実は“不完全燃焼の男”なんじゃないかと、僕、ずっと思ってたんですよ。まずアートディレクターとして不完全燃焼でしたよね？

宮崎：……よく知ってますね（笑）。

箭内：ちなみにこれ、褒め言葉ですから。「名選手は名監督ならず」ですよ。つまり宮崎さんは仰木彬監督タイプなんです。デザイナーとしてより、クリエイティブディレクターとして適性が高かったってことだと思うんですけど。まあ、ちょっと後輩を応援しすぎたんですね、宮崎さん。それは素敵なことですけど。

宮崎：えっと……（笑）。

箭内：いや、反論もうちょっと待ってください。そうやって90年代にクリエイティブディレクターとして大活躍した宮崎さんは、あまたの宮崎チルドレンを生んだんですけど、個人としてはやっぱり不完全燃焼だったと思うんですよ。その後、会社で偉くなってからは役員室の奥のほうに閉じこめられちゃった。それが10年くらい前、僕がまだ博報堂にいた頃なんですね。そのときに僕、宮崎さんは、やっぱり自分が本当にやりたいことを一人でやったら絶対面白いはずだって思った。そうじゃないのがもったいないと思って僕は、いつも役員室にたきつけに行ってた。どんどんやんなきゃダメっすよって。ずいぶん生意気な社員でした（笑）。でも実際にそのあと、宮崎さん自身のクリエイティブが始まったんですよね。「黄桜」で小林繁さんと江川卓さんの29年ぶりの“再会”をセッティングしたり、全日空の「夢見るヒコーキ」を作ったりして、あっという間に博報堂のクリエイティブの看板になっちゃった。

宮崎：そういうふうに言われたのは初めてだった。僕のことをちゃんと見てくれてた人がいたんだなって感激しました。

箭内：いやいや。で、前から聞きたかったのは、一人でも面白いことをやれる宮崎さんが、なんでずっと不完全燃焼だったのか？ってことなんですけど。

宮崎：僕は30代のときに、独立するか会社に残るのかをちょっと考えた時期があってね。そのとき会社の歯車になってみようって決めたんですよ。うちの会社ってそこそこ大きいから、いろんなセクションの人がいますよね。マーケとかSPとか。そういう人たちと一緒に、会社全体を動かしながらやったほうが面白いことができるんじゃないのかな？って思ったわけ。
あと、寂しがり屋で気が弱いんでね。一人じゃ絶対できないだろうと。自分のチームを持ち始めたのは32、3の頃だったんですけど、最初に大貫（卓也）君と岡田（直也）君が入ってきて、そのとき、集団で考える楽しさ、強さを意識し始めました。その後チームに入ってきた新人社員に「君たちはスターになってください」というセリフを毎年言ってたような気がします。いかに多くのクリエイターを抱えるか、そして彼らが活躍できる環境を整えるかが自分の役割だと思ってたんですね。

箭内：宮崎さんのチームは博報堂で一番大きいグループでしたよね。

宮崎：最盛期はね。自分のキャパシティでどこまでたくさん仕事がこなせるかを試したかったんです。でも、40人近くのスタッフを抱えるようになると、まあ自分のことはできませんよね。で、今度は「管理職をやりなさい」という話になって、箭内さんが言うところの奥のほうに行ってたんだけど、役員室にいると自分で何かやってみたくなったんです。そのタイミングで社長が「現場をやりなさい」って言

60歳を過ぎて生まれ変わろうとしたというか。
（宮崎）

ってくれたわけ。

箭内：僕はあのとき、博報堂という会社に対して、ある種、貞淑な内助の功を続けてきた妻が、自分のために生き始めたって感じがしてグッときたんです。だって普通は逆じゃないですか？ 若いときには自分が面白いことをやって、その後「そろそろ人を育てよう」とか「会社のためになることやろう」って思うもんですよね？

宮崎：まあ、逆かもしれないね。60歳を過ぎて生まれ変わろうとしたというか。そういうこともあって黄桜や全日空では、新しい人との出会いを意識的にやりました。初めての制作会社、初めてのスタッフと仕事したいなって。普通にやると、また昔の自分に戻っちゃうような気がして、黄桜のCMなどは社内スタッフの平均年齢60歳以上とか。演出家の早川和良さんも全日空の「夢見るヒコーキ」で初めてご一緒したしね。

箭内：60代だからこそできたクリエイティブっていう部分がありますよね。

宮崎：年とると仕事が面白くなるんだなって思いました。30代のときも面白かったけど、あのときはあのときでスタッフに育てられたというかね。「なんでそんなにたくさんラフ作るの？」とか、色々聞いてたんですよ。で、自分もそうしなきゃなんて思ってましたから。

箭内：そう言えばオレ、友だちが宮崎さんしかいなかった時期ありましたね。1990年代後半。

宮崎：会社で？

箭内：会社で。で、こういう格好で役員フロアに入ると、警備員が捕獲しに来るんですよ。「なんだ？なんだ？」って肩つかまれて。そしたら宮崎さんが出てきて、「この人は悪い人じゃないから」って紹介してくれましたよね。

宮崎：「僕のお客さんです」と。

箭内：まあ、社員なんですけどね（笑）。また昔の話に戻ると、宮崎さんが宮崎チームのクリエイティブディレクターだった頃の伝説っていろいろありますよね？ 会議のとき、次にだれが発言するかをルーレットで決めたりとか。

宮崎：人数が多かったのと、あとカタい商品になるとみんな生真面目になっちゃうというかね、マーケティング的にはこう、みたいな話になりがちなので、そういうときにどうやって面白いアイデアを考えるかは、ものすごく工夫してました。なぜルーレットをやったかというと、打ち合わせのときにしゃべるのが僕とか、笠原（伸介）さんとか。

箭内：声の大きい人ばかり。

宮崎：うん、いつもそのメンバーになっちゃうんで、これではいかんと。ルーレット方式にすると若い人も発言せざるをえないんですよ。するとみんな不安だから、前の日から何案も考えてくる。ルーレットをクルクルッと回して、「はい、○○さん」っていうとその人がアイデアを話す。「コーヒータイム」の枠もあって、そこに止まるとコーヒーとろうとかね（笑）。そう言えば「営業マン」って枠もあったな。営業にも「考えて来なかったんなら部屋から出てってくれよ」っていうくらい厳しいんです。でもね、そういうのは枠が狭いんですよ。若い人ほど枠が大きくて当たりやすいようになってる。そうでもしないと息が詰まりますからね。そういった遊びの要素を入れるとか、ホテルのコーヒーショップを借りてそこで打ち合わせするとか、工夫を色々取り入れてましたね。やっぱり環境作りって大事なんじゃないかな？ いまは世の中が窮屈になってきたぶん、逆に会議の場所なんかももっと考えたほうがいいと

貞淑な内助の功を続けてきた妻が、自分のために生き始めたって感じがしてグッときたんです。
（箭内）

思うんです。場所を変えれば、出るアイデアって変わってくるから。例えば、富士山に登って考えたっていいんですよ（笑）。

箭内：あの……ちょっと聞いていいですか？

宮崎：え？

箭内：自分で言うのもおこがましいけど、僕なんかは宮崎さんから明らかに受け継いでるというか、盗んでるものがあって、さっきの「富士山に行って案出ししよう」みたいなことはわりと言うんですよね。ただ、そのときに若い人たちが、なかなかノってこないじゃないですか。それはどういうふうにその気にさせていくんですか。みんな富士山について来ます？

宮崎：そもそも、ついて来させようなんて思ってない（笑）。要するに僕は隙だらけなんでしょうね。目の前をウロチョロしてる人、みたいにみんなから思われてる。上下関係になると「ついて来い」みたいになっちゃうんじゃない？　僕はスタッフとは横でつながることがとても大事だと思っていて、いいアイデアを出した人がクリエイティブディレクターだって決めてたんですよ。面白いことを考えた人がいたら、「君のアイデアに僕らみんな後ろからついて行くよ」ってことにしてたのね。すると、若い人たちがいいアイデアを出そうとするんです。

箭内：なるほど。僕は「宮崎グループ」って博報堂の社内クリエイティブエージェンシーみたいなものだったと思ってるんですけど、宮崎さんはあの頃、ひとつの会社を率いてる感覚みたいなものはなかったんですか。

宮崎：まったくなかった。グループでやってるっていうだけですね。例えば、くだらないんですけど、明け方3時頃に営業のフロアに行ったら、「まだみんな残業してるから、僕らももうちょっとやりましょう」なんてね。どっちが遅く帰るか競争みたいな、ほとんどそのレベル。だから、いまとはちょっと違うかもしれませんね。昔は仕事にゆとりがあったっていうとヘンだけど、夜中の1時頃になったらみんなでボーリング行こうとか。

箭内：ボーリング行くんですか。

宮崎：うん、朝までボーリングしてね。で、お茶飲んでまた会社に行くとか、そういう感じなんです。早い話、自分としては、自分のチームのスタッフが自分の子どもみたいな感じはちょっとしてたかな。

箭内：そっか、むしろ家族なんだ。

宮崎：そう。だから、だれがどうって話じゃないんです。例えば、僕のグループには大貫君というスーパースターがいたんだけど、僕にしてみれば大貫君も可愛いし、彼のアシスタントも可愛いってことにすぎなくて。自分の子どもってみんな可愛いじゃない？ で、箭内さんだって隣のウチの子どもなんだからさ。

箭内：また強引な（笑）。でも、それってうれしさ100％ですか？ 子どもに対して「ちぇっ！」みたいな気持ちはまったくないんですか？

宮崎：まったくなくはない。だから60過ぎて「オレもまたゼロから始めてみよう」と思って、身体が続く限りやろうと考えてるんですよね。

箭内：いや、すげえなって思いますよ。そういう意味では宮崎さん、いまが一番カッコいいと思うんです。で、宮崎さん、今日初めて真面目な質問しますけど（笑）、広告の問題点と可能性についてどういうふうに捉えてます？

宮崎：ものすごく可能性あると思う。いまは閉塞感があるから小さくなってる気がするだけでね。僕はね、広告制作ってやっぱり個人のものだと思うんですよ。伝統工芸みたいに師匠から受け継げるものではないんです。アイデアは個人の脳みその中にあるものでしょ？ あくまで広告は一代限りのもので、個人個人がどれだけやれるかがとても大事。だから、なんでも自分でやってみればいいんです。例えば、タレント交渉とかでもね。すると「面白いじゃん」ってなるんですよ。僕はKDDのオノ・ヨーコさんの交渉にも行ったし、もっと前の話で言うと『Number』の創刊キャンペーンのときに、青木功さんのところに行ったりね。青木さんは最初は「出ない」っておっしゃった。「もう帰れ！」とまで言われたけど、「このまま帰ると、僕はディレクターになれないんです」とかね、もう訳のわかんないこと言って（笑）、1時間以上粘ってたの。そしたら急に青木さんが事務所の人に「おい、オロナミンC持ってこい」って言うんですよ。で、「それを飲め。オレ

も飲む。はい、乾杯」っていうことになって承諾してくれたんです。これ、たぶんほかの人に頼んでたらダメだったでしょうね。黄桜のときも2年かかりました。最初は「ダメだ」って言われたんだけど納得いかなくてね。江川さんに会いに行って直接話したら「いいよ」ってふたつ返事でOK。たぶんみんな勝手に判断しちゃうんでしょうね。これは不可能だって。

箭内：頭がいい人ほどね。

宮崎：うん、あと広告の可能性について言うと、政治だって経済だって、僕は全部デザインだと思うんですよ。街作りだってそう。あらゆるものをクリエイターがね、きちんと作っていけば日本が変わると思う。いまは国中全部ワンパターンになっちゃって経済効率だけで動いてるとか、どこの駅降りたってみんな似てるとかね。そういうのはちょっとヘンなんじゃないかな。

箭内：宮崎さんって失敗もしてるんですか？

宮崎：そりゃそうですよ。途中で諦めちゃうと、だいたいうまくいきませんね。そうじゃなくて、やっていけばできるかなって思って、若い人がドンドンぶつかっていったら、タレントさんでもね、クライアントさんでもやっぱり……。

箭内：そうなんですよね！

宮崎：そうなんですよ。自分が関わった仕事の中でも日清食品の「hungry?」っていうのは、最初は日本語のキャッチだったんです。クライアントはキャッチを英語にすることに躊躇されてたんですけど、大貫君とか石井（昌彦）君が朝駆けでね、宣伝部長が出社する前に入口に立って「そこをなんとか」みたいにお願いしてね。そういうことをみんなしてるわけだから。

箭内：うーん、宮崎さん、そろそろこのあたりで秘密にしてること話しません？

宮崎：いや、秘密なんてないよ（笑）。だけどね、50過ぎたころから思い続けてるのは、僕たちってせっかくコミュニケーションの職種に携わってるので、その力を社会に還元できたらいいかなあ、なんて。

箭内：出た！ やっぱそう思うでしょ？ 僕もなぜかめちゃくちゃ思ってしまってます、いま。

宮崎：ある年齢になるとそういうことしたくなるよね。普通の仕事ももっとしたい。せっかく博報堂という会社にいるのだから、少しでも戦っていきたいと思ってます。

箭内：いやあ、元気ですよね、宮崎さん。「そろそろもういいか……」なんて思いもしないんじゃないですか。

宮崎：いや、もういいかなって思ってるから働けるんじゃないかな。うまくやろうとか、こうなりたいみたいなものがないから。

箭内：そもそも宮崎さんはどこで体得したんですかね？ 広告は個人のアイデアが大事だという考え方だったり、世の中が盛り上がる面白いものを作ろうというスタンスだったりって。

宮崎：若い頃ね、大きなポスターを作るチャンスにまったく恵まれなかったんですよ。で、「自分はデザイナーとしてどうなんだ？」なんてことを考えていたときに、角川書店の仕事をやらせてもらってね。角川の仕事って、当時社長だった角川春樹さんに直接プレゼンするわけだけど、戦略とか、本に関するマーケティングについて話そうものなら怒られちゃうんですね。だって向こうのほうが100倍知ってるわけだから。だから、表現のプレゼンにしぼろうと。前置きなんてしないで、何が面白いかっていうポイントだけ話すようにしたんです。だけど、表現さえ面白ければいいと思ってたのは最初の頃ですよ。「としまえん」の後半くらいから全然違う発想になった。経営者目線のアイデアというか、こうすれば人が来るんじゃないかというアングルから考えるようになりましたね。「としまえん」の場合、普通に広告して土日のお客さんが増えても、平日ガラガラだとかえって採算悪いんですね。平日も含めていかに観客をなだらかに呼べるかが最初から課題としてあったから、ファミリー向けの広告をしないっていう条件で若者にウケるものをひたすら考えてたわけだけど、やってるうちにどんどん集客を意識せざるをえなくなっていったのね。で、始めて5年目に、堤（義明）社長に「任せる」って言われたんです。いや、もう必死でしたね。「面白い表現」とか「賞を獲る」とかじゃないわけだから。思ったほどお客さんが来てないってことになると、夜中に目が覚めたりして辛かった。それは社長さんがうまかったと思いますね。

箭内：「任せる」って恐ろしいですよね。死ぬ気でやれってことですから。

宮崎：うん。いまでも話題になる広告って、企業側に「ある程度任せる」というのがあるんじゃないですか。そう言われると手が抜けないですよね。ものすごく必死になる。コアアイデアで勝負せざるをえませんしね。それで思うのは、いまって「ネットで考えてよ」みたいに、最初からインフラを割り振られちゃうでしょ？ するとアイデアが小さくなる気がするんですね。パーツごとの解決策になってしまうというか。そうじゃなくてモンゴルの大平原みたいな何もないところにポンと放り出されてね、「さあ、どこに走ろう？」ってことで考えたほうがいいんじゃないかな。どこで流すとかどこに掲載するかみたいなことは、あとで考えればいいと思うんです。

宮崎 晋（みやざき・すすむ）
博報堂 チーフクリエイティブオフィサー

1945年生まれ。1969年博報堂入社。入社以来、制作畑。ACC CM大賞（KDD・日清食品）、ACC 金賞（全日本空輸・黄桜）、ADC賞、TCC賞、カンヌグランプリ（日清食品）ほか受賞多数。現在もクリエイティブの現場で活動。最近は、都市計画や商品開発なども手掛ける。武蔵野美術大学理事。金沢美術工芸大学客員教授。

角川書店
「ミステリーフェア／ギルティ」
ポスター（AD）

1978年

角川書店
「カドカワノベルズ創刊」
ポスター（AD）

1981年

文藝春秋
「Sports Graphic　Number 創刊」
ポスター（AD）

1980年

小西六写真工業　サクラカラー
「EXCITING-LEAGUE『パ』／男を撮る。」
新聞広告（AD）

1982年

小西六写真工業　サクラカラー
「EXCITING-LEAGUE『パ』／男を撮る。」
新聞広告（AD）

1982年

日清食品　カップヌードル
「パリ・ダカ」篇
テレビCM（CD）

1985年

キリンビール　CAN BEER
「スティング登場」篇
テレビCM（CD）

1987年

KDD　企業広告
「人の間にKDD。駅」篇
テレビCM（CD）

1988年

東海旅客鉄道
大阪発キャンペーン
「消えたかに道楽。伊豆」篇
テレビCM（CD）

1992年

日清食品　カップヌードル
「hungry? マンモス」篇
テレビCM（CD）

1992年

豊島園　企業広告
「サンタフェの扉」篇
テレビCM（CD）

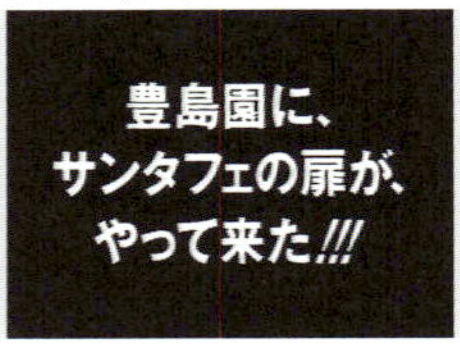

1992年

全日本空輸　企業広告
「夢見るヒコーキ」篇
テレビCM（ECD）

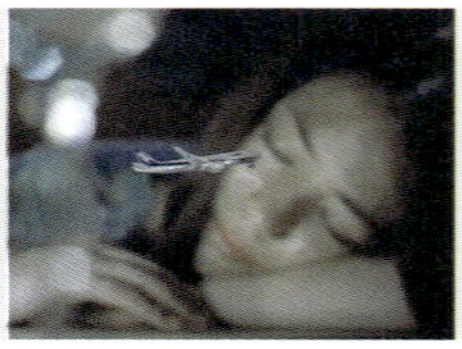

2007年

黄桜　企業広告
「出会い」篇
テレビCM（ECD）

2007年

大塚製薬　UL・OS
「バーバー ウル・オス
薬用シャンプー」篇
テレビCM（ECD）

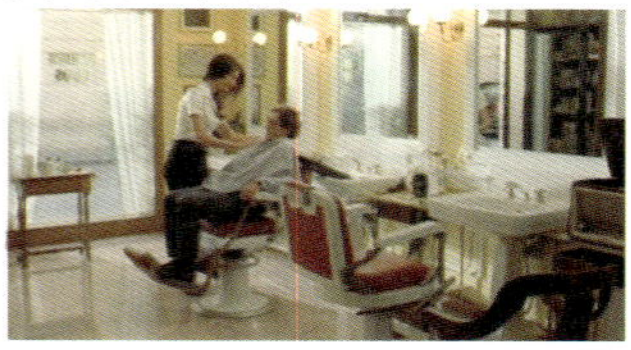

2012年

新潟市　新潟デスティネーションキャンペーン
「うまさぎっしり新潟」
ポスター（ECD）

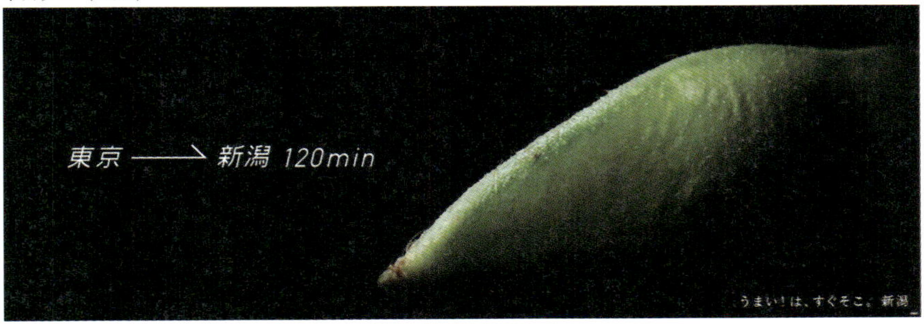

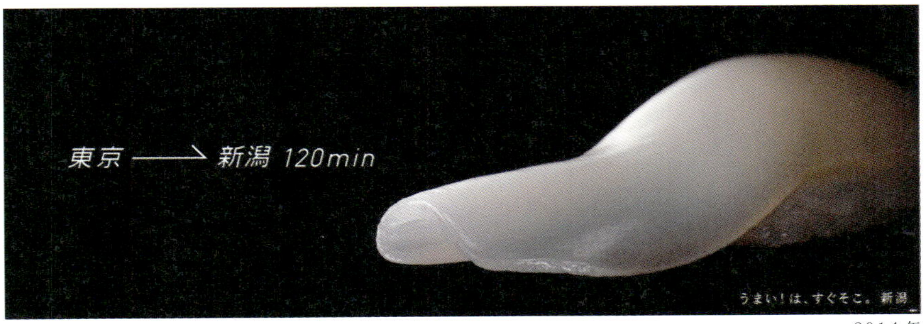

2014 年

金沢市　北陸新幹線金沢開業 PR
「幻影車窓
『ちょっと、金沢まで。』」篇
テレビ CM（ECD）

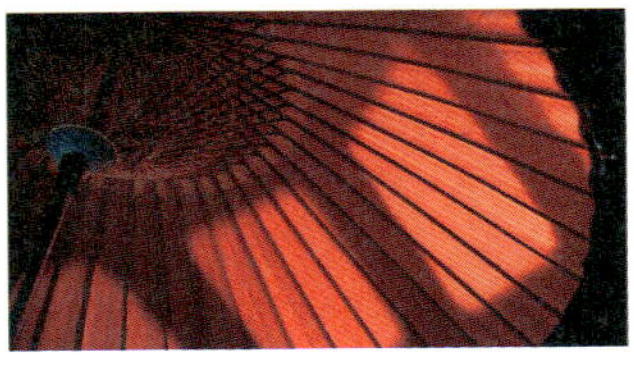

2014 年

広告ロックンローラーズ
細谷 巖

細谷：あのね、箭内さん僕のやってることって知らないでしょ？

箭内：知ってますよ。

細谷：いや、知らないと思いますよ。

箭内：知ってますって（笑）！

細谷：そう？ いや改めてね、持ってきたの。これ、昔作った僕の作品集なんだけど。これ箭内さんにあげたいんですよ。サインしてあるの。

箭内：えっ!? いただいていいんですか？

細谷：いいですよ。

箭内：すごいうれしいです！

細谷：こっちは新聞広告。これもサインしてきた。一応ね、いろいろ持ってきたんです。イヤだったら捨てちゃってください。

箭内：いえいえ、イヤなわけないじゃないですか。額装しますよ。

細谷：こっちは「LAST SHOW」っていう僕の展覧会の冊子です。コピーライターの朝倉勇さんが展覧会に来て感想文を書いてくれたんだけど、それを読んだ柴田常文さんが感激して本にしてくれて。あとこれはキユーピーのカレンダー。知らないでしょ？

箭内：ええ、ライトパブリシティのカレンダーはいただいてるんですけど。へえ、キユーピーのロゴっていまこうなってるんですか。

細谷：うん、僕が作った。そういうのも知ってもらいたいんですよね。

箭内：ありがとうございます。お土産いっぱいいただいちゃって。お風邪はもう大丈夫なんですか？

細谷：いやあ、いまいち。昔から風邪ひくと治りにくいの。ま、本当は酒ばっかり飲んでるからなんだけど。

箭内：最近もよく飲まれるんですか？

細谷：うん、最悪ですよ。なんでかと言うと、奥さんを14年くらい前に亡くしたからね。会社終わっていきなり家に帰るのは寂しいんですよ。

箭内：細谷さんの本で知ったんですけど、素敵な奥さまですもんね。1964年の4月7日じゃなかったですか？ ご結婚なさったのって。

細谷：え、なんで知ってんの!?

箭内：僕、その3日後に生まれたから。64年の4月10日生まれなんですよ。

細谷：そんな若いんだ……。何歳違うんですかね？東京オリンピックが秋にあった年ですね。

箭内：僕は今年47になるんですけど細谷さんは？

細谷：75。

箭内：じゃあ28違い。

細谷：うーん。どっちにしてもイヤなもんですね、こんなに若い人とおしゃべりすることが。

箭内：いやいや、若くないです（笑）。それにしても細谷さん、ズルいですよね。さっきみたいなことするのは。

細谷：どうして？作品を持ってきたから？

箭内：尊敬モードから入るしかないじゃないですか。

細谷：いや、確認のために持ってきたの。僕のこと知らないと思って。

箭内：そもそも細谷さん、今日は3時からなのにな

実はね、みなさん優しさが足りないんじゃないかなって思うの。
（細谷）

んで2時半に。早すぎですよ。せっかちでしょ？

細谷：せっかちというか、段取りを早くやるの、昔から。もう性格ですね。心配性なのかな？

箭内：でも、アートディレクターってそこですよね。一番大事なのは。

細谷：うん、表現の責任を全部持つんですよね。アートディレクターは逃げられない。アシスタントにも任せられないしね。

箭内：いや、やっぱりそこだと思いますよ。段取りと責任。

細谷：まあ、善し悪しは別だけどね。大貫（卓也）さんとか、（佐藤）可士和君みたいなすごいアートディレクターがいるかと思えば、僕みたいな普通のアートディレクターもいるわけで。

箭内：またまた。「普通」って言葉はもっとも傲慢な言葉ですけどね。

細谷：あ、そう？

箭内：よっぽど自信がないと「自分は普通だ」なんて言えないですよ。

細谷：いやいや誤解しないで。「普通」ってね、漢字を見ると、「普」の上が「並」でしょ？ でね、「並」っていうのは、「横に広がる」って意味らしいんですよ。だから「普通」って言葉には「広く通じる」という意味がある。要は「だれでもわかる」ってことですよね。

箭内：なるほど。

細谷：しかし、「普通」でも強くないといけないじゃないですか。それなりにちゃんとしてなきゃいけないでしょ？ それが難しいんです。面倒なもんです。

箭内：そんな難しいことを、パッと見、軽やかにやってるじゃないですか、細谷さんは。

細谷：広告の仕事の場合、当たり前のことですが、苦労感があるものは絶対御法度ですから。アーティストはね、苦労感があったほうがいいでしょ？ ゴッホみたいな感じっていうか。あれって見るからに大変そうじゃない？ でも、広告のデザイナーはそういうのを絶対おくびにも出しちゃいけない。

箭内：ですよね。

細谷：でも、だからと言ってキレイキレイってのも僕はイヤなんですよ。あるじゃない？ ただキレイなものって。血が通わないみたいな。

箭内：いや、ご自身ではおくびにも出さないにしても、細谷さんには強烈なロック感を感じるんですけどね。

細谷：そう？ あ、ところでですね、聞きたかったのは、今日なんで僕を指名したんでしたっけ？

箭内：一応、読者の方に説明させていただくと、細谷さんにはまず断られたんですね、即答で。

細谷：当たり前じゃないですか!? だってさ、なんも関係ない人でしょ、僕は。ミスキャストだと思うよ。

箭内：そんなことないですよ。

細谷：箭内さんの世界はよく知ってるし、大好きな方なんですけどね。

箭内：僕も大好きだからお話ししたかったんですよ。

細谷：いやいや、そういう方たくさんいるじゃない？ 僕以外に。だって最初が秋山晶さんでしょ？ 次に小田桐昭さんでしょ？ みんな映像に関係ある

よっぽど自信がないと「自分は普通だ」なんて言えないですよ。
（箭内）

人ですけど、僕は映像とか全然関係ないから。

箭内：いや、テレビコマーシャルってことじゃなくてもいいんですよ、この連載は。しかも細谷さんは現在のACCのトロフィーを作ってるじゃないですか。

細谷：あ、知ってるの？

箭内：知ってますよ！ だから細谷さんがここに登場するのは全然アリなんです。これACCの会報誌ですからね。

細谷：でも、トロフィーのこと、ちゃんと認めてくれてるのかねえ。いいのか悪いのか、だれも言わないんですよ。

箭内：いや、認めてますよ。みんなご本人の前で言うのがおこがましいと思ってるだけで。

細谷：そうかなあ？

箭内：でね細谷さん、あえておじいちゃんって呼ばせてもらいますけど……（笑）。

細谷：ジィジでいいじゃん。

箭内：僕は最近ジィジとかバァバとする仕事がメチャメチャ楽しくて。

細谷：あ、そう！

箭内：ええ、こういう対談もそうですけどね。なんて言うんですかね、そういう人たちにはみんなコワがって近づかないし、褒めたら失礼なんじゃないかと思って褒められないけど、僕は近づきたいって思ってるんです。例えば篠山紀信さんにでも、怒られてもいいから「写真がうまい！」って言ってみようと思って。そうするとすごい喜んでくれるんですよ。いまやだれも篠山さんに「うまい」だなんて当り前のこと言わないから。

細谷：意外に単純なんですよね、人って。

箭内：そう。だからみんな言わないとダメなんです。いいと思ったものはいいと。

細谷：ちょっと待って。さっきのトロフィーの話、まだ完結してないから。

箭内：はい。すいません（笑）。

細谷：いや、何が言いたかったかと言えば、あのトロフィーってね、いまはグランプリは金で、他は銀、銅、黒とか色を変えてるでしょう？ あれね、全部金にしたらどうかなあって。オスカーみたいに。

箭内：いいですね！

細谷：それでね、下のプレートのところで色を変えた方がいいと思ったんです。実は昨日。

箭内：昨日!?

細谷：そう、だから今日声を大にして言っとこうかと。アカデミー賞のトロフィーって全部金なんですよ。ピカピカの金。なぜそう思ったかと言うと、ACCの贈賞式に僕いつも行くんだけど、くすんだ銅色のトロフィーとか、なんとなくみすぼらしいんですね。でも、金のときは写真写りもいい。あれ見てると「全部金がいいかなあ」って思ったの。絶対ね、そのほうがACCがカッコいいと思う。そのほうが「映像を持つ人」っていうトロフィーの形のアイデアが生きると思うし、もらった人たちもうれしいと思う。オフィスに飾るわけですからね。セレモニーでいつも佐々木宏さんが司会やってるんだけど、彼が持ったときも映えると思うよ。

箭内：うん、金にしましょうよ。

細谷：ね！　えっと……、話を元に戻すと何だっけ？

箭内：あ……、今日、細谷さんに来ていただくまでの経緯ですよね？　最初、僕が電話すると細谷さん「恥ずかしい」なんて言って。

細谷：恥ずかしいに決まってるじゃない。

箭内：秋山晶さんみたいに哲学もないし、小田桐昭さんみたいに若い人たちを刺激する話もできないからって。でも、僕、それじゃダメだと思ったんですよ。細谷さんの話を若い人に聞かせとかないと。

細谷：あのね、このあいだお電話したときのあの調子じゃないんですよ、今日は。昔から電話だとすごいの。ポンポン言える。だけど改まって話すとダメなんです。それで今日は謝って帰ろうかなと思ってるんです。

箭内：まだちょっと足らないです！　まだちょっと！

細谷：そう？　まあ箭内さんにね、ある程度質問してもらえれば。

箭内：じゃあうかがいますけど、この号(『ACCtion!』138号／2011年4月発行)からね、この連載のレイアウトを直そうと思ってるんで指導してください。今日、この対談が始まる前に、読みにくいって怒られましたから(笑)。

細谷：思わず言っちゃったんですよ。デザイナーの方に悪いけど。写真のところが明るいから「白抜き文字が読みにくい」って。

箭内：あれはどうすればいいんですか？

細谷：ちょっと濃くすればいいんじゃないですか。0.5%くらい。ちょっとですよ。そうすれば、白抜きがハッキリ見える。

箭内：わかりました。ところで細谷さんは、今日メモご持参なんですけど、そこに話していただけること、いっぱい書いてありますよね。

細谷：そう。あるのよ、あるんですよ。

箭内：その話を聞かせてくださいよ。

細谷：これは電話のときに言えなかったんですけど、実はね、みなさん優しさが足りないんじゃないかなって思うの。

箭内：みなさんってだれですか？

細谷：業界の人。

箭内：優しさですか？

細谷：うん、その優しさっていうのは、色々あるじゃないですか。ね？ 例えば、早川和良さんと三浦武彦さんが作ったクリスマスエクスプレスとか。あれはすごく好きなんですよ。深津絵里さんの出てるやつ。一番泣かせる広告だと思っていて、もちろん山下達郎さんの「クリスマス・イブ」がいいんですが、あれが僕の中ではCMのナンバーワンなんですよ。で、プランナーが三浦さんで演出が早川さんでしょ？ だけど、あれはカメラの岩本文雄さんやメイクさんなんかもすごくうまいんです。そういう方々をもっとクローズアップするといいかなあと思って。

箭内：確かにメイクの方とかカメラマンの方は、僕知らないですもんね。

細谷：そうでしょ？ 知らないでしょ？ だからそういうスタッフにも優しさをどんどん与えたほうがいいんじゃない？ これはキリがない話かもしれないけど、そのことが活性化のひとつなんじゃないかな。広告の世界だけじゃない。いまってそういうことをすごく怠ってる感じがするんです。

箭内：わかります。そうですよね。

細谷：もちろん、ダメな人はダメで、しょうがないんだよ。だけど、ちょっと、いいなあって感じがしたら褒め称えたほうがいいと思う。さっきの話とつながるけど、人間って褒められるとその気になっちゃうわけだから。

箭内：そうなんですよ。でも、褒めるって難しいですよね。

細谷：ただやたら褒めてもね。だけど、けなすより褒めたほうが絶対得ですよ。

箭内：うん。

細谷：だからって給料すぐ上げられないけどね（笑）。でも、うれしいものなんですよ。僕なんかも若いときそうやって育てられましたから。そのことをね、改めて真面目っぽく。

箭内：すごくよくわかります。そういう空気の中で作られたものって、その感じが出ますよね。そう言えば、細谷さんはあの本（『細谷巖のデザインロード69』）の中に、「愛」について書いてらっしゃいましたよね？

細谷：なんか恥ずかしいけどね。

箭内：いや、僕は広告に愛はすごく必要だと思うんですよ。

細谷：愛って言い古されてる言葉かもしれないけど、それはしつこく何度言ってもいいでしょう？ いけないかな？「好き」でもいいけど。

箭内：いけなくないです。愛、大事ですよ。

細谷：そのへんをね、改めて言ったらいいんじゃないかなと思ってるんですね。そうしないと、日本を元気にするなんて言っても、どうしたらいいかわからないじゃないですか。そのことをね、今日は1行でも2行でも入れていただけると。

細谷巖は概念である。— 秋山晶

箭内：いや何行でも入れますよ。ノーカットでも。インターネットで世界中に流れますよ、これ。

細谷：え、そうなの？

箭内：そうです。だからビデオ撮ってるんです。

細谷：マジ？

箭内：マジです。

細谷：ヤバいよ。

箭内：ヤバくないです。どんどん話してください。そのメモには、ほかにも何かあるんですか？

細谷：あとはね、やっぱり実力ってものがないとダメだとか。実力って一番ほしいものでしょ？

箭内：ほしいですね。

細谷：「親しき仲にもレベルあり」って言ってね。

箭内：レベルですか？ 礼儀じゃなくて。

細谷：うん、まずレベルがないとダメでしょ？ それと実力。いくら有名でもチャラチャラしてるというか。別にあなたのこと言ってるんじゃなくてね。

箭内：間違いなくオレのこと言ってるじゃないですか（笑）！

細谷：あなたのことじゃないよ。箭内さんはちゃんと実力あるから。

箭内：いやいやいや。

細谷：「幸せな人生」と「充実した人生」のふたつがあるとすれば、箭内さんはどっちがいいと思う？

箭内：「充実してるから幸せ！」っていうことではなく？

細谷：もちろん、両方あれば最高ですよ。でも、なかなかね。

箭内：あ、そう考えると……。

細谷：うん、幸せってね、穏やかで安定していて、意外に飽きちゃうっていうか、つまんないんだって。充実は波乱万丈ですから。

箭内：なんとなくわかります。充実してたら幸せだけど、幸せなときに充実してるかって言われるとそうじゃない。ということは充実のほうがいいなって思います。

細谷：そうなんです。充実は実力に通じると思うんですよ。ほら、なかなか実力って身に付かないじゃないですか。何を言っているのか、おかしな話でゴメンナサイ。

箭内：付かないですねえ。実力恐怖症ですよ、みんな。

細谷：いつも不安がよぎっちゃうでしょ？ それが不愉快なんだよね。

箭内：不愉快なんですか!?

細谷：せっかくねADCの賞を獲ってもせいぜい一週間ですよ。すぐ消えちゃうの、パーッと。その連続でしょ？ 日常は。

箭内：どうすりゃいいんですかね、実力って。

細谷：難しいよね。だけど秋山さんなんて実力の人だと思うよ。もう40年くらい付き合ってるんだけど恐ろしいよね。すごく厳しいですから。実力がある人はいっぱいいるんだけど、僕の身近にいる人で確かに実力があると思うのはあの人ですよ。

箭内：うん。そういえば、細谷巖さんと秋山晶さんって名前3文字コンビじゃないですか。そんなカッコいい名前のおじいちゃんってそんなにいないと思うんですけど、本名なんですか？

箭内道彦はバーチャルである。— 秋山晶

細谷：本名だけど読み方が違う。僕は「イワオ」で秋山さんは「アキラ」です。

箭内：イワオとアキラ。

細谷：でも情けないじゃない？『ケイコとハナコ』みたいで。

箭内：それは『ケイコとマナブ』です（笑）。

細谷：あそっか。すいません。

箭内：「イワオ」を「ガン」にしたら何か変わりました？

細谷：いや、そんなことないね。これはね、1960年の世界デザイン会議（東京）のときに、世界のデザイナーに頒布するための『び』という小冊子を私がデザインしたとき、編集された伊藤ていじさんという素敵な先生がいらっしゃって、その方が「細谷くん。イワオよりガンのほうがいい」っておっしゃったんですよ。それからですね。

箭内：絶対いいですよね、「ホソヤ・ガン」のほうが。

細谷：そうかなあ。馬鹿だから、最初つづりを「GUN」にしちゃったの。そしたら先生から、「こんなの外人に見せたら笑われるよ」って言われちゃった。そういう時代もあったんですよ。

箭内：へえ。

細谷：言っときますけどね、ガン（巖）ってロック（ROCK）ですから。ロック（69）。あの本（『細谷巖のデザインロード69』）のタイトルだって。

箭内：そっか「ロック」ですもんね。

細谷：69歳のときに作った自伝風半生記なんですけどね。

箭内：あの中で細谷さん、「69歳のいまが旬だ」っ書いてらっしゃるじゃないですか。あれすごくいい話だなって思ったんですけど、いまも旬でしょう？

細谷：いやあ、どうかなあ……。そんなこと改めて言われると、自分で恥ずかしいよね。

箭内：恥ずかしいのイヤですか？

細谷：イヤですよ。みっともないでしょう？ 今日だって恥ずかしいんだから。

箭内：いやあ、すごくいい話になってますよ。

細谷：そう？ まあ、くどいようですけど活性化ですよ、声を大にして言いたいのは。それには色んなやり方があるでしょうけど、まずはいいスタッフを褒めちぎろうと。

箭内：細谷さんと秋山さんの関係について、もう少しおうかがいしたいんです。お二人が広告界最強のコンビであるということは、僕が言うまでもないん

ですけど、秋山さんが細谷さんを評した「細谷巖は概念である。」ってコピー、すごいですよね。絶賛じゃないですか、あれ。

細谷：すごいこと言いますね。でも、なんか目の上のタンコブというか、イヤなんじゃないの？ 僕がいるのは。

箭内：そんなことないですよ。

細谷：でも僕から言わせるとね、僕の気遣いで、やっていられることもあるし、その逆も言えるんですよね。だから僕にとってはすごく大切な人。本（『細谷巖のデザインロード69』）にも書いたんですけど、この二人の緊張感って珍しいんですよ。いつも切磋琢磨。もし秋山さんがいなかったら、僕はもうとっくにつまらないデザイナーになってると思うよ。彼はなんとも言えない特別な人だから。わがままなところもあって。作るCMもすごい。いまやってる、（ビート）たけしさんのポカリスエットでも、商品のメリットをそのまま言う。あのやり方って、ほかの有名なクリエイティブディレクターと違うじゃないですか。一見冷たそうなんだけど、ストンと落ちる。なんかすごいよね。キユーピーもそうだけど、秋山さんの作るものはコミュニケーションがベタベタしていない。

箭内：似たものを作ってる人がいないですよね。

細谷：作れないのよ。不思議な人です。だけどもとは出版社で企画編集をしていたらしいよ？ 僕の作ったヤマハのポスターに憧れてライト（パブリシティ）に来たなんて言ってね。本当か嘘か知らないんだけど。

箭内：本当ですよ。嘘つかないですよ、秋山さんは。

細谷：作法っていうか、人間力がすごいですよね。だから昔のランボーのCMじゃないけど「あんな男、ちょっといない」ですよ。

箭内：それが細谷さんを緊張させ続けてきた？

細谷：そうなんです、側にいるとキンチョールなんです。逃げられないし、大好きなの。ほかのコピーライターとは仕事できない。そういう関係なんです。

箭内：なるほど（笑）。そうだ僕、もうひとつ細谷さんに聞きたいのは、細谷さんの手描きの力についてなんです。いま若い人はMacを上手に使って、ダイレクトにコンピュータの中でフォルムを作ってたりすると思うんですけど、優れたアートディレクターってみんな絵が描けるなって思ったんですよ。前に細谷さんからカロリーメイトのロゴの話を聞いたとき、まず手描きでスタートするっておっしゃっていたんですけど、それって重要ですよね？

細谷：当たり前ですよ。

箭内：あと『ブレーン』の中のあの連載ページ（「細谷のひとりごと」）がすごい好きで。

細谷：長くやりすぎましたね。10年もやってる。馬鹿だね。

箭内：馬鹿じゃないですよ。でね、今日はカメラがあるから、細谷さんが何かを描くところをカメラで映したいんです。怒られるかもしれないけど。

細谷：えっ、恥ずかしいですよ、そんなの。

箭内：細谷さん「恥ずかしい」ばっか言いますね。

細谷：うん。本当に恥ずかしいの。コンプレックス＝恥ずかしいなんですよ。

箭内：でも、それが品格につながるじゃないですか。

細谷：品なんかないよ（笑）。下品ですよ下品。あのね、上品とか品格がないとダメだとか言ってるけど……。

箭内：下品ぶって、その品を保つって一番難しいですよね。

細谷：「デ品」っていうんです。デザインの品のことを。よく「画品」っていうでしょ？ あれと同じようなもので。

箭内：見たいですね、デ品。なんかちょっとだけ描いてもらってもいいですか？ ダメですか？

細谷：何を描くの？ 文字？

箭内：文字でもいいし、なんだって。そこを撮ってみたいんですよ。ものすごい記録になると思うんですよね、それって。

細谷：へぇー。でも、紙がないじゃん。

箭内：持ってきます！

細谷：あと、サインペンがないとダメなんです、僕は。

箭内：サインペン。探します！（紙とペンが用意される）

細谷：うーん、あんまり期待されても困りますよ、禅坊主じゃないんだし……。よくあるじゃない？ ダルマみたいのをヒャーっと書いてさ。ああいうものだと誤解してない？

箭内：いやいや、手描きの価値を若い人たちにもう一回知ってほしいんですよね。

細谷：ふーん、まあ、いいや。何描こう？ なんでもいいって難しいからね。

箭内：いまの心境とかどうですか？

細谷：そうだ！ あなたの顔がいいんじゃない？

箭内：本当ですか!? すげえうれしいです。

細谷：下手でもいいんですよね？ 似ないかもしれないよ（笑）。（細谷さん描き始める。描きながらトーク）

箭内：うわ、すげえ!! もう家宝です、これ。ACCの審査員のシルエットもよかったですよね。

細谷：よく知ってますね。あれ、だれも認めてくれないんですけどね。

箭内：みんな当たり前って思っちゃうんじゃないですか？ 細谷さんがすごいのは。

細谷：いーや、そんなことない。あーダメだ……。似ないなあ。ハンサムぽくなっちゃった。これじゃブラッド・ピットだよ、どう見ても（笑）。マズいねえ。もうちょっとキツネ憑きみたいな顔してるのに。

箭内：キツネ憑き（笑）。そうですね。

細谷：本当はそういう恐ろしいところもあると思うんですけどね。ま、こんな感じで描いてるんですよ。いつもはもっと直すからもっと似せることができるんだけど。今日はいきなり描かされてますからね。

箭内：すみません、こんなこと急にお願いしちゃって。ここで質問なんですけど、“描く”とはどういうことですか？ 細谷さんにとって。

細谷：難しい質問ですね。自分で描かないとイメージが定着できないの。カンプライターに頼むともうダメ。うまいんだけどなんかつまんないんですよね。かといって写真とか資料をペタペタ貼るのもイヤだから。それは失礼だと思うの、クライアントの人に。だからこうやっていつも描いて持ってくんです。するとね、「オー！」ってことになる。その連続ですよ。

箭内：すでにある写真でカンプを作って提案するって、確かに…。

細谷：だって、まず自分ありきでしょう？（と言いながら、「YANAI」の文字をレタリングしていく）それでね。例えばこういうの。「Y」でしょ？ カロリーメイトふうのレタリングだと、こういうふうになっていくんですよ。ね？ このハネが結構難しいんです。ブラッシュスクリプトと言って、アメリカのベースボールのユニフォームで使ってるような書体ですけど、こういう文字の中にも文法があるんです。主語、動詞、形容詞みたいなルールがちゃんと決まってる。それを踏まえた上で描いて、あとでレタリングデザイナーにちょっと専門的に直してもらう。ほとんど自分で描いちゃいますけどね。気分は僕の気分だから、いつもこうして描かないと……。それにしても出ないね、このペン……。カサカサしてる。枯山水みたいになっちゃった（笑）。

箭内：いやあ、素晴らしいですよね。

細谷：あとで自分で鏡見て手直ししてよ（笑）！

箭内：そんなことできるわけないじゃないです

か！

細谷：まあとにかくね、あれなんですよ。正直なところ、僕なんてまったくクリエイティブな男じゃないんで。

箭内：え!?

細谷：いやあ、目の前にいて申し訳ないけど、箭内さんはね、僕の世界と全然違うじゃないですか。ちゃんと知ってるわけじゃないけど、素晴らしいと思うんです。この前NHKの番組見たんですよ。あの人（福山雅治）とノルウェイの森みたいなところに入っていくやつ。

箭内：『トップランナー』ですよね。ありがとうございます。

細谷：なんでノルウェイの森なの？

箭内：山中湖なんですけどね（笑）。

細谷：そうなんだ。だけど、その後『ノルウェイの森』見たんですよ、映画の。菊地凛子さん大好きなんで。

箭内：細谷さんは映画はかなり見られるんですか。

細谷：映画で育ってきた世代ですからね。箭内さんは？

箭内：まったくです。

細谷：素晴らしい映画はたくさんあるんですけど、群像劇が一番面白いですね。ポール・ハギス監督の『クラッシュ』とかロバート・アルトマンの『ショート・カッツ』みたいな。なんか広告にね、すごく似てるんですよね。人と人とのつながり、コミュニケーションとか。

箭内：へえー、見てみます。どんなふうに似てるんですか？

細谷：広告って色んな人が見るし、見せるじゃないですか。そこに人間模様があるんだけど、群像劇にはそれが描かれてる。そう言えば『アフターデイズ』って映画の最後のセリフで「地球には人間はいらない。だが、人間には地球が必要だ」って言うんですよ。これはまさにね、すごいこと言ってる。

箭内：深いですね。単に人間が暮らせなくなることが嫌で、エコエコ言ってるんじゃないかっていう話もありますから。

細谷：エコをね、圧倒的に商売にしてる人もいるじゃない？ そういうのは「なんだかんだアルカイダ」って言ってるんだけど。

箭内：そのダジャレ、前にお会いしたときも聞きました（笑）。

細谷：あ、そう（笑）？ついでにもうひとつダジャレ言っていい？

箭内：はい（笑）。

細谷：ツイッターに付いていけない人をマイッターって言うんだって。で、つぶいてみたけどイヤになった人をメイッターって言うらしい。

箭内：へぇ！ つまり、細谷さんはツイッター知ってるってことですよね？

細谷：うん。友だちがやってるからね。僕は全然興味ないけど、そういう人も一人くらいいたほうがいいでしょ？

箭内：ツイッターをやってるような若い人たちのことってどう思います？

細谷：いまの若い人って何にも欲しがらないんですってね。クルマもブランドの洋服も欲しくなくて酒も飲まない、旅行もしたくない。で、恋愛は淡泊っていうね。それで貯金だけが増えていくんだって。

箭内：それどう思いますか。細谷さんは貯金なんていらないでしょ？

細谷：いやいや、貯金は大事なんじゃないの？ 子どもや孫もいるわけだし、ちゃんと貯めとかないと。あと、僕はあんまりね、高いもの好きじゃないの。フグとか。お寿司でもトロとイクラとかじゃなくて、赤身とかイワシのほうがいいんですよ。……なんかキリない話になってきたね（笑）。

箭内：大丈夫です、まとまらないんですよ、いつも。こんな感じでなんとなく終わるんです。

細谷：そう？ ところで、このインタビューどういうテーマか教えてくださいよ。それが一番知りたい。

箭内：テーマですか？ 70歳過ぎた人たちって、純粋にものづくりと一番向き合ってるように見えるし、そんなロックンローラーたちの話は今の広告の世界にとってすごく刺激的だと思うんです。

細谷：みんなほら、リタイアっていうか辞めちゃいますからね。特にアドバタイジングに携わる人って。

箭内：難しいですよね。ちゃんと時代と並走し続けていく感覚を持ち続けるのは。

細谷：僕なんかも難しくなってきましたよ。

箭内：でも古くならないじゃないですか、細谷さん。しかも、もうその仕事で金儲けしたいとかがないじゃないですか。そういうときにできてくるものが一番強いと思うんですよ。

細谷：いやあ情けない。僕はグラフィックで精一杯ですから。CMは秋山さんで十分でしょ？ だからその代わりにグラフィックに専念しようと。そっちだけでも結構大変なんですよ。グチグチがあるからね。そういうのを人任せにできない性格ですから。あと、いつも言ってるけど僕は秋山さんのコピーを読ませたいんです。そのためには文字組みがね、すごくちゃんとしてないと僕はダメだと思う。だからホワイトスペースになるんですよ。白抜きとかね、読みにくいじゃないですか。自慢じゃないけど僕はそれにすべてを賭けてるみたいなとこがある。だれがなんと言おうと、昔からとにかく秋山のコピーを読ませたい。だから行間とか字詰めにはすごくうるさいんです。秋山さんはデザインはできないけど善し悪しはすごくわかってますからね。インチキなデザインできないんですよ。さっきも言ったけど、これがありがたいんです。僕がいつもキンチョールでいなきゃいけないわけだから。

箭内：デザインって表面的に考えるとキレイさが先に行くので、「読ませるんだけどキレイ」って、なかなかデザイナーは考えづらいですよね。

細谷：いいことおっしゃいますねえ。あのね、キレイって白々しいんですよ。昔からよくあるじゃない？ ファッション雑誌とかで。いい写真の上にポッとローマ字がのってるようなね。あんなふうに白々しくならないようにしなきゃならない。さっき言った「普通」っていう話につながるんですけど、暴力的な強さや叫びじゃなくて、スーッと気持ちに入ってくる強さが理想なんですよ。気持ちに入ってくる強さってあるじゃないですか。もちろん文章の力もあるけど、文字の組み方とほどよい大きさ。コピーを読みたいような気になるには、それが結構大事なんです。だから、雑誌広告みたいにジワッとくるのが僕は好きでね。ジワット・ピットって言うの？

箭内：「ト」しか合ってないじゃないですか！「ジ

ワ」と「ブラ」は全然違う（笑）。でも、いい話ですね。強烈な自信と誇りがないと「普通」を強く成立させることはできないんだってことがわかります。

細谷：まあ、バーンとやるのが不得手なだけなんですけどね。で、僕の場合は写真メインじゃないんですよ。写真だけが主張するのはあまり好きじゃなくて。どちらかと言えば力のない写真のほうがいいですよね。キユーピーの写真もそうでしょ？ 手前に野菜があってバックに風景なんかがある。あれも最初にパターンを決めちゃったんですよ。「野菜＝キユーピー」ってね。そんなことをしつこくやってるでしょ？「恐怖のワンパターン」って言われてるんですけど、ほんとは毎回色々考えてるんです。デリケートなことを。人にわからないようにすごく変えてる。そういう当たり前の努力はしてますよ。

箭内：うーん。その言葉受け止めます。じゃあ細谷さん、最後に何かひとつ。今日言い残したことを。

細谷：うまく言えなかったこと、たくさんありますが、逆に質問しますけど、あなたはどういう人なの？

箭内：えっ!?

細谷：そうそう、今日の最大のテーマ。細谷としてはそのあたりを聞きたいよ。色んなことをやられているすごい方なんですけど、ひと言で言うと何やってる人なのかがわからないから。

箭内：わかんないですよね……。それぞれ全部広告だと思ってやってるんですけどね、自分の中では。

細谷：沢尻エリカさんがすったもんだしてる、あの人に近いのかな？

箭内：近くない！ 近くないです！ やっぱそう思われてるんだ。でも、確かになんだかよくわからないですね（笑）。

細谷：うん、そのわりにはしょっちゅうテレビに現れるから。

箭内：なんか雰囲気なんですよ。雰囲気だけなんです。だけど雰囲気出し続けるの大変なんですよ。

細谷：いやいや、ごめんなさい、こんなこと聞いて。でも、昨日もバーでね、「箭内さんっていう不思議な人からね、ストーカーみたいにしつこく対談頼まれてるんだけど」って言ったら、みんな薄々知ってるの。だけど何やってる人なのかはだれも答えられない。あ、カメラマンもやってるんですよね？

箭内：やってます。写真集も出しました。

細谷：この前見たよ！ いいんだか悪いんだか、あれ不思議な写真ですよね。ヘタウマっていうの？ かつてのアラーキーさんみたいなね。

箭内：それは褒めすぎですけどね（笑）。

細谷：いや、でもね、何か感じましたよ。

箭内：ありがとうございます。「細谷巖は概念である」って秋山さんが言った話をさっきしましたけど、僕が博報堂辞めるときにもひと筆「箭内道彦はバーチャルである。」というふうに書いてくださったんですね。そんな感じですかね？

細谷：いいじゃないですか、バーチャル。まあ、くどいようですけど、あなたの人間性、そして、やられていることはとっても素敵なことですから。

箭内：ありがとうございます。

細谷：じゃあ、そろそろいいですか。今日は朝からすごくキンチョールしていてイヤだったんです（笑）。失礼しました。よろしくお願いします。

細谷 巖（ほそや・がん）
ライトパブリシティ 代表取締役会長／アートディレクター、グラフィックデザイナー

1935年生まれ。1951年、県立神奈川工業高校工芸図案科入学。1954年にライトパブリシティ美術部入社。1955年オスカー・ピーターソンのポスターで日宣美特選受賞。以後、日宣美展会員賞（共同制作）、毎日産業デザイン賞 準賞、ADC 会員最高賞、原弘賞、朝日広告最高賞、日本宣伝賞山名賞など受賞多数。2001年に紫綬褒章受章、東京アートディレクターズクラブ会長就任。日本グラフィックデザイナー協会会員。著書に『イメージの翼・細谷巖アートディレクション』（中央公論社1974年）、『イメージの翼2・GAN HOSOYA ART DIRECTION』（旺文社1988年）、『細谷巖のデザインロード69』（白水社2004年）、『LAST SHOW』（ギンザ・グラフィック・ギャラリー2010年）がある。

ヤマハ発動機 ヤマハ250CC、ヤマハ125CC
「セル1発が風を呼ぶ…」
ポスター（AD）

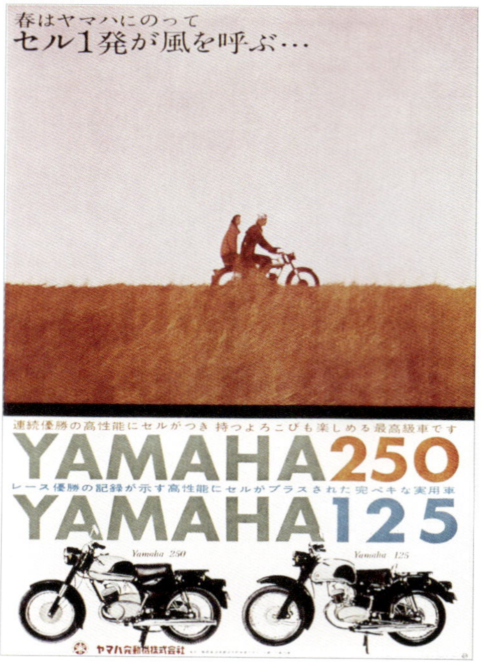

1959年

BLACK & WHITE
「貴族がつくり国王が陶然とした」
ポスター（AD + D）

1966年

サッポロビール
「男は黙ってサッポロビール」
新聞広告（AD＋D）

1970年

毎日新聞社
「さようなら、人類。」
新聞広告（AD＋D）

1971年

映画『変奏曲』
ポスター（AD＋D）

1973年

キヤノン　Canon AE-1
「…ing　出来事には次がある。」
ポスター（AD＋D）

1977年

キユーピー　キユーピーマヨネーズ
「植物は都市をソフトにする。」
雑誌広告（AD）

1980 年

キユーピー　キユーピーマヨネーズ
「植物が文明をつくった。」
雑誌広告（AD）

1983 年

キユーピー　キユーピーマヨネーズ
「中国の土は魔法を使うのかな。」
雑誌広告（AD）

1995 年

キユーピー　キユーピーマヨネーズ
「speed! 料理は高速へ。」
雑誌広告（AD）

2001 年

キユーピー　キユーピーマヨネーズ
「野菜はメニューの中心になる。」
雑誌広告（AD）

2001 年

広告ロックンローラーズ

葛西 薫

競合プレゼンに一度も勝ったことがないっていう。あの噂ホントなんですか？

（箭内）

葛西：あ、裸足ですね。

箭内：すみません、僕、なんかいっつも裸足で…。

葛西：じゃあ、僕も裸足で（笑）。（葛西さん、靴下を脱ぐ）

箭内：ロックですね（笑）。いや、この連載って、業界のおじいちゃんたちをロックンローラーっていうふうに呼んで、そういう人たちの「喝」を若い人たちに注入したいと思って始めたんですけど、葛西さんはロックンローラーかというと、それよりは僕、天使とか仙人のほうが近いなってイメージがあって。

葛西：えーっ、そんなわけないですよ。

箭内：そうですか？ でも、みんながこうしてるから自分はこうしよう、みたいな野心ないですよね。

葛西：それは言えるかもしれない。でも、最初はそうでもなかったんです。

箭内：それはいつ頃…？

葛西：やっぱり20代くらいのときだと、デザイナーとして、あるいは広告をつくる立場として、あるレベルにいきたいなと思って、ついつい勉強というか研究をしますよね。

箭内：研究しますね。「広告年鑑」見たりとか。

葛西：ええ。で、もしかしたら何か秘密があるんじゃないかってやりかけたんですけど、やっぱりどうも違うなあってことが少しずつわかってきて、外を見るんじゃなくて内側を見ようって、20代後半くらいのときに思ったことがありますね。

箭内：早いんですね。

葛西：早く気づいたというか、諦めたって感じのほうが近いです。若い頃は「あの人いいな、この人もいいな」っていうのもありましたけど、やっぱりあの人やこの人にはなれないので、少し早めに諦めようというふうには思ったかもしれない。

箭内：内に向かって自分になるときの手がかりってなんだったんですか。

葛西：むしろ周りの人のおかげです。サン・アドという会社に若い頃からずっといますけど、サン・アドって個性派の集団ですから、最初はもう居づらいというか、「どうしたらここに居られるんだろう？」っていうふうにずっと思ってましてね。もう目の前の仕事で精一杯だったんです。で、こんな自分に個性なんてものがあるんだろうかと。それがあるとき、だれかからポツリと、「あれ葛西くんらしいね」とか「いいじゃない」とか、何か特長らしきものといいますかね、ほかの人じゃないぞというような意味のことを言われて、「もしかしたらこの方法でやっててていいんだ」って思ったのが、初めて自分を意識したときですね。

箭内：じゃあ、自分で見つけた個性じゃなくて、出てしまっていた個性というか。似合う服を見つけてきたんじゃなくて、呼吸そのものが個性になったという。

葛西：そんなに無理はしてなくて、ただ夢中でやってただけなんですけどね。それでも自然に何かが出てくるってことはあったのかもしれない。

箭内：それはいいですね。その状態になってしまうと、あとは作り続ければいいだけですよね。生きてるだけで巨匠ですから（笑）。

葛西：いやいや、そんなことないですよ（笑）。いまだに自分のことはよくわからないですし。

箭内：いや、葛西さん自身はそうかもしれないけど、周りの人は葛西さんに興味あると思うんです。

だからみんなそうやってね、個性を見つけてくれたり、葛西さんのこと心配したり、葛西さんに浄化されたり。結局、みんな葛西さんに汚いもの見せたくなくなるというか。

葛西：うーん……（笑）。

箭内：そうだそうだ、だれかに聞いたんですけど、葛西さんって競合プレゼンに一度も勝ったことがないっていう。あの噂ホントなんですか？

葛西：まったくそうなの（笑）。

箭内：そうとう長いじゃないですか、キャリア。

葛西：長いですよ（笑）。何年になるんだろう？まあ少なくとも三十数年間勝ったことないですね。厳密に言うと、勝った記憶がまったくないわけじゃないんですけど、それは一緒に組んでいたコピーライターなりクリエイティブディレクターがグイグイ引っ張ってくれて、僕はただ手を動かすお手伝いをしたって感覚のものですから、自分で勝ち取った感覚は味わったことがないし、ほんとに競合は負けてばかりで。六本木商店街のロゴタイプが初めてかもしれない。依頼があって、競合だって聞くと、つい言うんです。「競合の場合、僕は落ちますよ。それでもよろしければ」なんて嫌味をポツリと（笑）。まあ、そのくらいクサってもいたのかもしれないけれど、ほんとそうなんですよ。

箭内：素敵なエピソードですよね、それ。

葛西：いやー、自慢することでもなんでもなくて。

箭内：いやいや、かなり。だったらもう勝たないでほしいです（笑）。というか、やっぱり僕らは葛西さんを競合に誘ってはいけないと思うんです。そんな競争みたいな場所に、このね、仙人というか天使を連れてって（笑）、その仕事が外に出ないかもしれないみたいな無駄な時間は使わせちゃいけない。それと同時に、葛西さんと一緒に仕事をしたい人は、ビジネスとしては違うやり方を考えたほうがいいんだと思う。葛西さんの力ってそういうところにありますよね。天然記念物というか、デザインの美人ですよ。

葛西：いやいやいや（笑）、もちろん仕事としてやってますので、ある商品なりね、イベントでもいいですけど、それに最適なものを自分としては探しているし、もちろん勝ちたいという気持ちはあるんです。ただ、たまたま仕事を長く続けている中でそうじゃないタイプの仕事も多いために、そういうよい誤解を生んでくれているのか……。

箭内：清らかな人みたいな（笑）？

葛西：だから自分でジタバタしてるところもありますけどね。そうじゃないぞと。だって人間、色々あるじゃないですか。

箭内：邪念もあります？

葛西：あると思いますよ。

箭内：どんな邪念ですか？

葛西：なんだろうな？

箭内：お金がもっと欲しいとか？

葛西：あんまり欲しくないですね。

箭内：モテたいとか？

葛西：まあ、人並みくらいですかね（笑）。

箭内：ほら、ないでしょ（笑）？

葛西：そういう意味では欲はないほうかもしれません。

箭内：あの、あれがないんじゃないですか？　相手を蹴落としたいっていうのが。

葛西：あ、それはないかも。少し真面目に言うと相手と一緒になりたいですね。相手っていうのは競合相手じゃなくて、クライアントが僕を選ぶかだれかを選ぶかっていうこと自体が少し可哀想に思うことがあるんです。辛いじゃないですか、それぞれに一生懸命やってるんだから。それよりも一緒にやりませんか？ と言われたら燃えますよね。絶対失敗できないとか、絶対なんとかしてやるぞっていうふうになる。勝つことを目標にすると何か違うところに走っちゃうんですよね。

箭内：そうですよね。最初からパートナーで一対一でやってるときにできあがるものと、競合を経て選んだ案で作っていくものって、たぶん違うものになってそうですね、うん。

葛西：なにか違う神経を使ってる気がして。

箭内：プレゼンを受ける側はポーカーフェイスじゃなきゃいけなかったり。

葛西：そう、受ける側はね。表情に出せないでしょ？表情のない人と会話することが怖いのかな？そのあともし自分のが通ったらいいんですけど、通らない場合にまたなんだかなあと思って（笑）。

箭内：それはそれで不思議な関係が続きますよね（笑）。

葛西：何が原因なんですかねえ……。負けず嫌いで言うとしたら、もし競合じゃなかったら絶対責任持つし長いあいだやるぞ、みたいな気持ちはあるんですけど。

箭内：負けず嫌いなんですか？

葛西：いや、かなり負けず嫌いですよ。

箭内：あ、ほんとですか。相当な邪念じゃないですか、それ（笑）。

葛西：負ける悔しさはもちろんありますよね。もしかしたら悔しさがバネになってるのかもしれない。いまはダメかもしれないけどいつか見ておれ、みたいな感じがないわけではないですよ（笑）。だから第３セットまで持ちこめればいいけど、競合プレゼンは第１セットで終わりですよね。そういうのに弱いってことじゃないですかね。長期戦に持ちこめば勝てるかもしれない。

箭内：そっかあ、なるほど。

葛西：わかんないですけどね（笑）。あと広告は大好きなんですけど、こういう広告しか好きじゃないみたいなことがどこかあるかもしれない。

箭内：葛西さんの好きな広告ってどういう広告なんですか？

外を見るんじゃなくて内側を見ようって。
（葛西）

葛西：僕がまだ小さい頃にやっていたコマーシャルとか、広告をやりたいと思ってた頃に流れてたコマーシャルですね。たとえば大橋巨泉の「はっぱふみふみ」とか、植木等の「ナンデアル、アイデアル」とか。ああいう古きよき時代というんですかね、広告が広告になろうとしている時代のコマーシャル。それこそアンクルトリスとか、今見るとものすごくアバンギャルドですよ。それとサン・アドの先輩の東條忠義さんが作っていたサントリーウイスキーのね、渋い広告だとか。それらに共通してるのは大人っぽいっていうんでしょうか。年とると、きっといいことが待ってるぞっていうような。

箭内：いいですねえ。ふつうロックって言うと、「DON´T TRUST OVER 30」みたいなね、「大人になりたくない、大人を信じるな」の世界ですけど、確かに大人って素晴らしいってことを広告ももっと言うべきですよね。

葛西：まあ、大人ってなんだかわからないものですけどね。ローリング・ストーンズだって大人として素晴らしいですから。ああいう年のとり方もいいし、逆もいいし。それぞれがそれぞれに年をとっていく姿を見るのが好きなんですよね。ほんと年寄り大好きで（笑）。

箭内：いや、僕も好きなんです（笑）。だからこのシリーズやめられないんです、ほんとに。まあ、葛西さんが年寄りかどうかはちょっと別として……。でも、昔から年寄りでしたよね（笑）？

葛西：……そうかもしれません（笑）。

箭内：お年のわりにはそうとう年寄りですよ。でも、それでいて過剰な大胆さみたいなのがあるじゃないですか。普通みんなが置く級数を超えていたり。

葛西：例えばどういうときなんですかね？ 自分ではわからないんですよ。

箭内：あ、そうなんですか？

葛西：ええ、とても素直に（笑）。

箭内：いや、色々ありますよ。例えば烏龍茶のボトルにすごいパースがついてるポスターとか。普通ああいうパースに置かないというか、すごい攻めてるように見えるんです。でも、その攻め方がバイオレンスじゃなくて、強さであり優しさでもあるというか。

葛西：へえ。でも、例えばいまのボトルの話で言うと、自分が虫みたいに小さくなるとボトルが巨大になりますよね？ そうするとこういうふうに見えるだとか、逆に宇宙船とか巨大な怪獣みたいな大きさになってものを見ると、人間がこんなに小さくなってたり。そういうパースペクティブのことかな。

箭内：なるほど。

葛西：自分自身はね、気が弱いから近づけないんです(笑)。だけどイメージとして自分が巨大になると距離が近づきますよね。あるいは虫みたくなると相手を尊敬するような目にもなれたり、逃げ回ることもできますから。そういうイメージはいつもあります。わりと自分を他人扱いすることは得意かもしれない。で、どうせ僕なんか大したことないんだってね。なにかやぶれかぶれなところがあるんです。心の中ではね、どこかそういうのがありますね。

箭内：僕、葛西さんが作ってるものの何が心地いいかって言うと、右脳と左脳のね、往復みたいなことじゃないかと思います。感覚とかセンスだけで作ってるんじゃなくて、いまおっしゃったように自分と作るものの距離を常に確かめ合ってるというか。で、そのスイッチを自分で押してるような気が……。

葛西：僕、詳しくは知らないところありますけれど、箭内さんを見ててもね、そういうものは感じます。あえて先に走ってしまってから考えるときと、うんと考えた末に事を起こすときと両方あって。身体から湧いてくる場合と頭で考える場合の両方あるんじゃないですか？

箭内：ありますね。それ葛西さんと同じだなんて言ったらみんなに叱られると思うんですけど、両方の感覚を交換してる感じが。

葛西：僕の場合、大げさなことがイヤなところもあるのかもしれないですね。大上段になっちゃうと少し恥ずかしくなってくるし、かと言って手を抜くとそれはまたおかしいぞと思ったりするあたりを、いつもどうするかっていうね。これ以上行きたいけどやっぱり止めようみたいなこともある。

箭内：だから、みんなできあがったものはもちろん、葛西さんのことが好きなんですよね。それを作ってる葛西さんのことが。

葛西：いやー、どうかな(笑)？

箭内：いや葛西さんの顔も名前も知らない人たちも、あれを作ってる人の考え方だったり、その人の日常が好きなんだと思うんですよね。

葛西：僕自身は夢中な人に惹かれますけどね。どんなフィールドでもいいんですが、すごい技能を持っている人がいたとして、その人は自分の技能のことで頭がいっぱいで、拡販するとかマーケットなんて考えもしない。

箭内：ターゲットとか(笑)。

葛西：ええ、でも、その夢中な人を見ていると、素晴らしいなと思うんです。論より証拠というか、できあがったものがすべてを説いていくはずだというところがあって。自分も無意識のうちにそういう理想に近づきたいなというのもあるかもしれないですね。

箭内：ここで一度確認しておくと、葛西さんが他人に興味がないというのは、業界人に興味がないというか、同業者の作るものに嫉妬したり否定したりみたいな気持ちが湧いてこないってことですね？

葛西：否定も肯定もあまりなくて、その人が一生懸命やってるんであれば、そういうことが好きなんです。いいとか悪いとか判断する必要もなく、それはその人の身から出たことなんで、一生懸命やりゃいいじゃないかっていう。そういうところはあるんですよね。だから、興味がないのかもしれない。

箭内：そう言えば、ACCの審査にいらしたときは居心地悪そうでしたよね(笑)。

なるたけ結論は出さない状態をキープするところが重要なんだと思います。

（葛西）

葛西：いやいや（笑）。でも、モドモドしながらしゃべってた記憶はありますよ。思っていることをハッキリ言えば言うほど「あれ？ みんなと違うこと言ってるかもしれない」っていう。審査会だとそういうことはわりと多いですね。みなさんがよいと思っているものをそうじゃないと思ってることがあったり、その逆だったり。多数決でやると僕の票しか入ってない場合があったりして、寂しい思いをすることが（笑）。

箭内：そういうとこに連れてきちゃダメですよね、葛西さんを。だったら、ここにも連れてきちゃダメなんですけど（笑）。でも、モドモドしてる若者だってたくさんいるでしょうから、ちょっとでもその人の勇気になるんだったらと思ってやってるんで。

葛西：いやー、いまだいぶ経ってから言うのもなんですけどね。箭内さんから話をしたいですというふうに言われたとき、すごくうれしくて。

箭内：え！ ほんとですか。

葛西：もちろん。で、何を聞かれるかわからないけれど、とにかく来てみようということで。この連載で僕より前に出てる方々がね、大変な人たちですから、ちょっと恥ずかしいんですけれど。

箭内：あー、うれしいです。ありがとうございます。じゃ、お言葉に甘えてもうちょっといろいろ聞きますけど（笑）、葛西さんはサン・アドに入って相当長いですよね、もう。

葛西：うん、23ぐらいのときですから。いま61なので38年間ですね。

箭内：38年。辞めませんでしたね、38年間。葛西薫デザイン事務所、作らなかったですね。それはどうしてですか？

葛西：よく聞かれますけどね。たとえば仲畑貴志さんが辞めたり、副田高行さんが辞めたり、先輩や仲間たちが目の前で辞めていきましたけど、僕はそれに後れを取ったというのか（笑）、気づくと「あれ？ 自分だけ残ってるな」って感覚でしたね。

箭内：実は辞めようと思ったこともあるんですか？

葛西：いや、自分でもそういう気持ちは何度も起きかけたり、あるいは誘いがあったりとか色んなことがあったんですけど、目の前にあるものに不満がなかったですから。簡単に言うと仕事が忙しすぎたし面白かった。「ここさえ出られれば何かできる」という感覚がなかったんです。むしろ、いまここにいることでできることのほうが多かったというか。それがひとつと、あとタイプじゃないんですよね、独立して自分でやるというのは。ハッキリわかるんですよ。まず人数が少ないところにいると寂しいですから。たくさんの老若男女がいる状態の中で話せる、仕事ができる、一緒にご飯が食べられるっていうことがうれしいというか。そういう色んなものが混じってますね。

箭内：もし自分が葛西さんと同じ会社にいたら半分はすごくうれしいと思うんですよね。つまらないオジサンばかりいるところで働いて、「自分も10年、20年後あんなふうになっちゃうのか……」って思わないで済みそうで。ただ、その一方で葛西さんを「邪魔だな」って思う気持ちも湧いてくるんじゃないかなって。「どうせ葛西薫の会社だな、ここは」とか、「サン・アドって葛西さんっぽい会社だと外から思われるな」みたいなね。僕、邪念の塊なんで、葛西さんの近くで働けるうれしさとプレッシャーの両方が、グジャグジャになっちゃいそうな気がするんですけど。

事前に決めていたこと以上に現場で面白いことが起きたら、そっちに突き進んでみたいですよね。
（箭内）

葛西：いや、サン・アドはサン・アドという集団であって個人のものでもなんでもないし、先輩たちもいますからね。僕も“一員である”感覚が強いというか、ほかの人たちはほかの人たちで自分を表すことができる環境なんです。そこが好きでいまの会社は長くいられたんですね。でも、いま箭内さんおっしゃったみたいに、サン・アドに入って来たはいいけれど、「ある色に染まらなければ」と感じて、もがいている人も実はいるのかもしれない。そう思うとショックですね……。

箭内：いや、そんな人いないと思います。いまのはオレがもし行ってたらってことで…すいません（笑）。実際には青木克憲さんとか全然違う個性の人が出てるわけですから。

葛西：野田凪さんとかね。

箭内：そうですね。その意味では「葛西さんがいるから、じゃあ自分は」っていうか、“葛西ジュニア”にならないぞと思える、すごくいいハードルをもらえる場所って気もします。

葛西：そういうふうになってくれるといいですね。僕自身がそうだったんですけど、サン・アドって言うと、すぐ「開高健さんや山口瞳さんのいた会社ですね」って言われるじゃないですか。それはうれしいんだけれど、少し悔しい気持ちにもなるんです。もちろんお二人は尊敬する大先輩なんですけど、僕が知っているのは、そのあとの西村佳也さんたちがいた頃の時代です。サントリーホワイトなどで素晴らしい仕事をされてたんですよね。僕はその頃入社したんですけど、みんな個性的で一人ひとりバラバラのわりに仲がよくて、働いてる姿を見たことないんですよ。なのに締め切りの直前になると素晴らしいものが上がってきて、すごく楽しかったんです。いまのサン・アドも当時の構成とは違う個性が集まってるはずですから、いつもアッチコッチで花火が上がってるような集団が理想ですね。山口瞳さんが言ってたと思うんですけど、会社というのはいつ辞めるかわからない人たちが集まってる状態が一番いい。

箭内：ですよね。

葛西：そう、両足じゃなく片足突っこんでる。僕もね、どちらかと言えば片足で。

箭内：片足のまま61歳（笑）。

葛西：うん、心の中ではどこかそういう思いがあるかもしれないです。

箭内：でも、それが一番強い会社ですよね。しがみついてる人がいればいるほど会社って重たくなってくるというか、守りに入るようになるというか。

葛西：だから「打倒、若者」みたいな気持ちでね、逆に彼らがライバルみたいな気持ちであえて尖ったもの作ってみるってことも、たぶんやってると思うんです。コピーライターの人たちも僕も。

箭内：この連載の前々回に細谷巖さんともお話ししたことなんですけど、僕、細谷さんや葛西さんの作品集を見たときに一番ビックリするのは絵なんですよね。

葛西：ラフのときの？

箭内：ええ。いまはみんな絵を描かなくなったなんて、昔の世代が「いまの若者はなってない」みたいな話にはしたくないと思いながらも、絵がデザインにつながっていくのは、ものすごく重要なことのような気がするんです。

葛西：まったくそうですね。コマーシャルのときでもグラフィックのときでも、絵を描いている時間が実は一番楽しい。出来上がって、「あー、こうなっちゃったか……」なんてガッカリとか（笑）、「意外とよくなったかも」っていう、その落差を味わうための計画図ですから。でもね、あの一、絵は下手なんですよ、ホントは。

箭内：ええっ!?　すごく素敵な絵ですよ。

葛西：定規とかコンパスを使うとね、けっこう自信あるんです。まさに設計図ですからね。道具を持ったらだれにも負けないぞと。だけど、イラストレーターとか画家のように絵を描くのはダメだったんです。コピーライターや演出家、写真家と打ち合わせしますよね。僕は絵が描けないので、若い頃はありものの写真を貼り付けたものを作ってたんです。でも、そのやり方だとそれにしばられちゃって、それ以上のものが生まれない。で、ウーロン茶の仕事をしたときに、吐きそうになってもなんでもいいからね、資料さえ見ないで白い紙にイメージを描きまくる訓練をしたんですね。

箭内：それ、結構最近なんじゃないですか？　最近って言うとアレですけど、20代ではないですよね。

葛西：30半ばの頃かもしれない。そうやって無理やり描いてるうちに、映像的な見方を自分で感じられるようになったんです。例えば少しガックリしている僕がいたとして、「カメラが背中の後ろから見たときはこんな感じだろうな」ってことが想像できるとか。例えばいま、こうやって座ってるときも「あれ、右の肩が上がってる」とか、そういうことまで見えてくる。それがすごく楽しくて。

箭内：その設計は自分自身の楽しさもありますけど、スタッフへの手紙でもありますよね。絵を描くことでハードルがちゃんと上がっていくと思うんです。「こんな絵見せられたら頑張るしかない」って。参考写真とかMacで合成したラフだと、驚きの

ないものしか出来上がらないというか、カメラマンやスタッフに飛躍の余地を残さない気がする。

葛西：Macのラフは意図が汲み取れないんですよね。下手くそでも手で描いたものには考え方の心棒が残ってますから、それを見せられた人は「あ、葛西はこれを求めてるんじゃないかな」ってしゃべらなくてもわかってくれる。

箭内：そうですね。僕もCM作ってて、もしかすると日本で一番タレントCMが多いかもしれないんですけど、コンテをちゃんと描き起こさなくてもいいときも描きますね。そのコンテが出演者に人づてで渡っていくこともあるわけですから。本人に自分の思いを話すことができないときでも、その人の姿をどういう絵にしたいかを知ってほしくて。だから僕も絵がすごく大事なんです。なんにも描かないで、会って言葉で直接伝えることができれば、それはそれでいいなと思うんですけど、それは絵を描くより難しい。みんなの気持ちやイメージをひとつにしづらいですから。

葛西：絵の場合は、みんなが勝手に自分で想像してくれるのがいいですよね。で、みんなが想像したものが、ラフスケッチのおかげで柔らかい状態のまま、ゆらゆらゆらゆらしてるんだけど、僕は僕、スタイリストはスタイリスト、写真家は写真家で責任を感じて、そこから「みんなでなんとかしてやろうじゃないか」みたいな空気が生まれるんですよ。なるたけ結論は出さない状態をキープするところが重要なんだと思います。

箭内：あ、それ方式ですか、葛西さん。わりと最初に全部決まってるんじゃなくて。

葛西：いやー、ゆらゆらです。こぼれそうな水を運んでいるようなイメージですね。ロケがあったとしたら、そのときの天候が曇りかもしれないし、見た風景が違ってるかもしれないし、モデルの体調が悪いかもしれないし、色んなことが待ってるわけですよね。そこにできるだけ素直に対応したり、そこで思考がストップしないように柔らかくしておくということでしょう。怖いですけど、そのほうが面白いですよ、やっぱり。

箭内：うん、そうですよね、ほんとに。事前に決めていたこと以上に現場で面白いことが起きたら、そっちに突き進んでみたいですよね。

葛西：そうなんです。前もって色んなことを気にかけて準備するけど、僕はわりとすぐ捨てることができるタイプですね。「せっかくやってきたのに…」ってことはなくて。

箭内：普通だと「３日間徹夜して頑張って作ってくれた美術だから、悪いから撮っとこうかな」ってなりそうなものですけど、やっぱりそういうんじゃダメなんでしょうね。

葛西：そういう意味では、けっこう迷惑かけてることありますよ。そういうときはね、誠心誠意説明して平謝りに謝って、「あ、確かに」って相手に思ってもらえるように努力するしかない。前に一度、撮影で衣装を用意したんですけど、脱いで脱いで結果的に裸になってしまったことがあって（笑）。そのときはさすがにどうやって謝ったらいいかなって思ったけど、スタイリストの方が「いや、私も見ててそう思いましたからそれでいいと思います」と言ってくださって助けられました。

箭内：そういうとき、初めて仕事する人だと「あれ？ せっかく用意したものがどうなっちゃうんだろう……」ってものすごく不安でしょうけど、一度出来上がったものを見てまた次の仕事ってなると、「きっと葛西さん、最後はなんとかしてくれるんだろう」っていうふうになりますね。

葛西：そうかもしれませんね。だから、長い勝負に持ちこむと大丈夫で（笑）、初対面だと戸惑わせてしまうことは多いかも。でも、箭内さんだってそうじゃないですか？

箭内：どっちかと言うとそうですね。それを理解してもらったり信頼してもらったりの部分は、仕事の中でかなり重要です。この前もあるミュージシャンのPVの撮影で、当日まで撮影の場所と使うカメラしか決まってなかったんです。撮影は夕方からだったんですけど、昼の時点で自分もまだどうしていいかわからなくて。自分が大好きなミュージシャンで相手も僕のことを信頼してくれているからそれで成り立つのかもしれないけど、僕はやっぱり、その瞬間に起きる何かを百何十パーセント全部つかまえてやろうって気持ちでいたので。

葛西：それはね、長年の経験もあると思いますよ。僕だって若い頃はとてもドキドキしてね、相手がスターだったり年上だったりすると、いかに守るかで精一杯で攻めるとこにはいけなかったです。40とか50近くになってからかな？ 攻めるのが平気というか、そういう面白さを味わえるようになったのは。

箭内：壊すとか変更するとか。

葛西：ええ、それまでは気を配りすぎることによる疲れみたいなものがあって。でもね、デザイナーにはフィニッシュワークという楽しみがあるんです。現場は僕にとってはまだ過程なわけですよ。最後、紙の上にコピーや写真、イラストを配置しますよね。その瞬間だけは自分のもので、そこまではわめいても泣いてもなんでもいいわけです、平謝りでも（笑）。その瞬間だけは僕のものになるという、その楽しみがあるからやめられなくて。そう言えば、トリノ冬季オリンピック（2006年）をテレビで見て、「K点越え」って言葉にピンと来たんです。「そうだ、自分の仕事ってまさにこれだな」と。いま言ったフィニッシュワークのときに、自分の中で「そこを越えたぞ」と思えれば自分の仕事は終わりで、越えられないときは締切すぎてても、「いや、もうちょっと、もうちょっと」って筋肉を突っ張らせて、「とにかく前へ前へ」ってなるべく遠くへ落ちようとする。“もうすぐ着地”から“本当に着地”するまでの飛距離を伸ばすところに勝負の分かれ目があって、それをね、「あ、自分の中のK点越えだ」っていうふうに思ったんです。この場合、Kは葛西のKなんですけど（笑）。

箭内：いいですね、K点越え。

葛西：これ初めて話すんですが、僕の中ではそこが一番大切なのかもしれません。

箭内：そこをいじれる権利を持ち続けるのも大事ですよね。僕も自分の仕事はほぼ100パーセント演出までやっていて、そこまでやるから越えられるところってあるんじゃないかと思います。例えば、女優さんがただ歩いているコンテを描いたときに、それを人に渡すのは怖くてしょうがないですから。どういう表情で、どういう空気で、どう歩いてといったイメージが自分にあった上で、本番も奇跡が起きるのを待ち続けないと成立しないコンテなんです。そういう細かいところまでを含めてクリエイティブディレクションが完成するところがあるので、もっとみんな自分で演出したりすればいいのになあ、と思うんですよね。僕、葛西さんにあとひとつ確かめたいことが……。えっとね、ロマンチスト具合ってどのくらいなんですか？

葛西：ロマンチスト具合（笑）？まあ、ロマンチックなものは大好きですね。ロマンチックとかね、メランコリックとか、ひとりぼっちとか（笑）。

箭内：やっぱりそうなんだ。

葛西：幸せよりは、少し不幸せっていうほうが好きかもしれないし、大笑いよりも微笑が好きかもしれないとか、少し湿り気があるほうが好きだとか。それがロマンチックかどうかはわからないですけど、そういう霞のかかったものが好きですね。

箭内：黄昏的なというか。

葛西：ええ、微かな光明というのか、言葉を換えれば未完成とか未成熟とか、そういう感じだと思うんです。足りないものがあるほうがいいんですよ。そのほうが一つひとつが愛おしくなる。ろうそく一本の光のありがたさっていうんでしょうか。だからね、いまハイビジョンでものすごくキレイに見えるとか、インターネットで全部情報がわかるとか、すべてが丸見えで隠し事がないのはいいことではあるけれど、半分寂しいこともありますよね。謎なことや見えない部分を想像で補うことの喜びがどんどんなくなってる気がして。

箭内：一説によると、いまって接触する情報の量が江戸時代の5000倍らしいんですよね。

葛西：そう言えば似た話をだいぶ昔にしたことがある。オレたちって江戸時代の100倍働いてんじゃないかって（笑）。

箭内：働いてますよね、明らかに。江戸時代ならずとも携帯電話ができる前の10倍は働いてますよ。

葛西：うん、昔はね、待ち時間があったんですよ。例えばMacがない時代は写植屋さんが文字指定を、まだファクスもないからわざわざ取りに来てくれるんですけど、原稿を渡して届くまで待つ時間があるので、「今日一日空いた」っていうんで映画観に行ったりとか。あの空き時間や待ち時間が次の行いのための助走時間になるんです。待つ楽しみがいまはないんですよね。

箭内：前はプレゼン前日って休めたもんですけど、いまはギリギリその日の朝まで作れますから。

葛西：それにしても5000倍は異常ですね。最近よく言うんですけど、こうなってくるともっと身体を意識したほうがいいんじゃないかと思うんです。情報環境や都市環境はどんどん変わっても、人間の身体は昔からそんな変わってないので、基準はそこにあるんじゃないかと。だから、若い人たちには手を動かすことや身体を使うことの楽しさをもっと知ってほしいですね。風に吹かれたり、泥に足を突っこむみたいなプリミティブな体験をすれば面白さが尽きないと思うんです。この仕事って都会的というか、いま風な仕事と誤解されがちだけど、まったくそうじゃなくてね。もうちょっと野良仕事だというようなイメージを持って、掘ったり穫ったりする感覚でやることが大切なんじゃないかと思います。

葛西 薫（かさい・かおる）
サン・アド　アートディレクター

1949年生まれ。文華印刷、大谷デザイン研究所を経て、1973年サン・アド入社。サントリーウーロン茶、ユナイテッドアローズの長期にわたる広告制作のほか、近作に、スポーツカーTOYOTA86の広告、TORAYA TOKYOのアートディレクション、ペーター・ツムトア著『建築を考える』（みすず書房）の装丁、NHKみんなのうた「泣き虫ピエロ」の映像、「ヒロシマ・アピールズ2013」ポスターなどがある。著書に『図録 葛西薫1968』（ADP）。東京ADCグランプリ、毎日デザイン賞、講談社出版文化賞ブックデザイン賞、亀倉雄策賞など受賞。東京アートディレクターズクラブ、東京タイプディレクターズクラブ、日本グラフィックデザイナー協会、AGI（Alliance Graphique Internationale）会員。

サントリー　モルツ
「素材の恵みのビールです。」（上）、
「父も母も素敵でした。」（中・下）
新聞広告（AD）

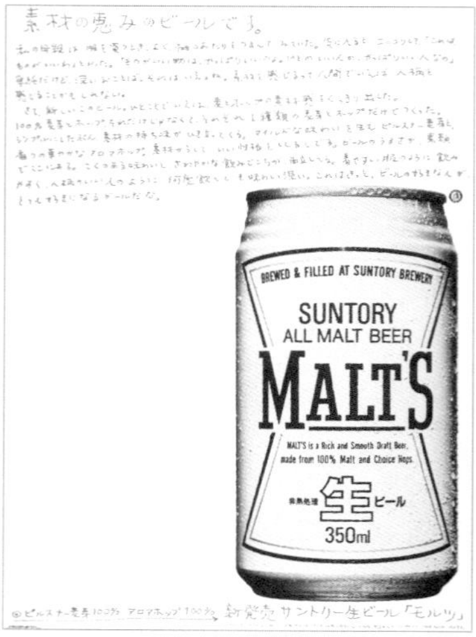

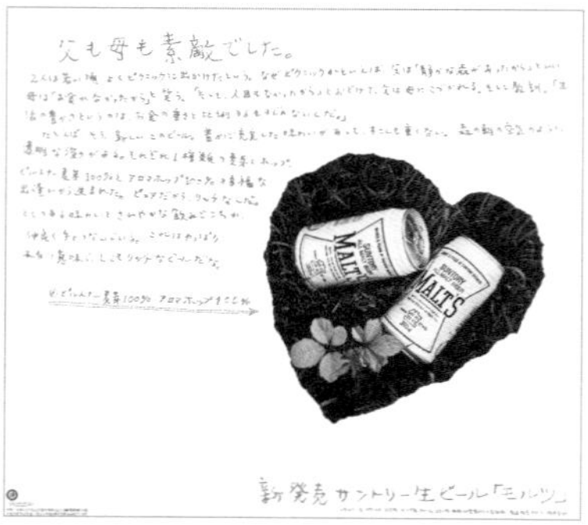

1986年（上）、1987年（中・下）

サントリー　サントリーオールド
山口瞳直言シリーズ
「人生仮免許」、「尊敬はしません」、「新入社員諸君！」
新聞広告（AD）

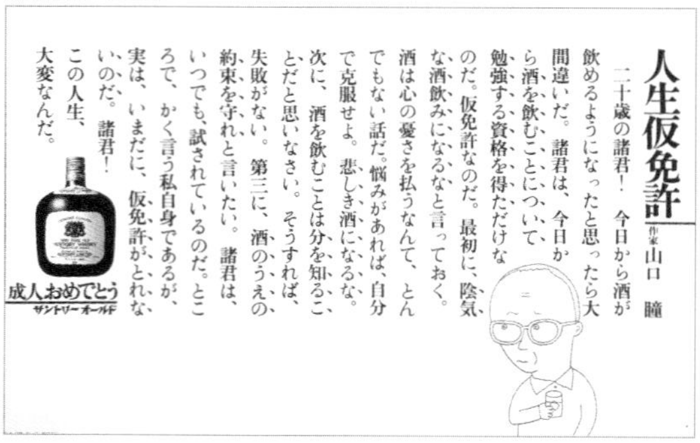

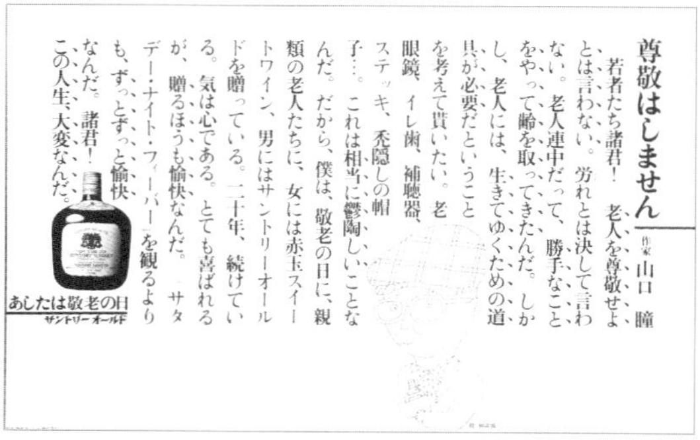

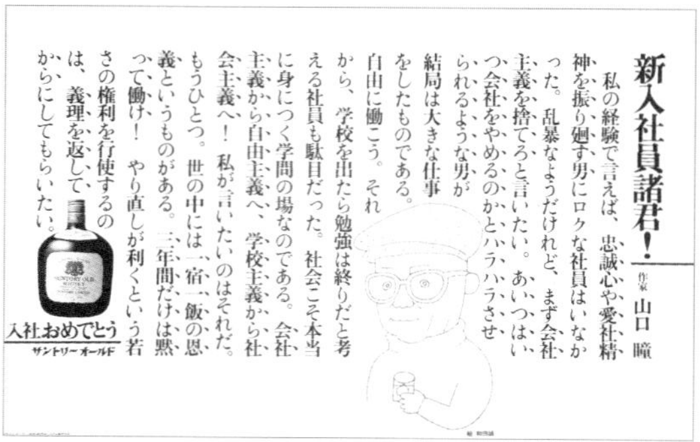

1981年

サントリー　お歳暮は、サントリー。
「アイ　ラブ　ユー」
ポスター（AD）

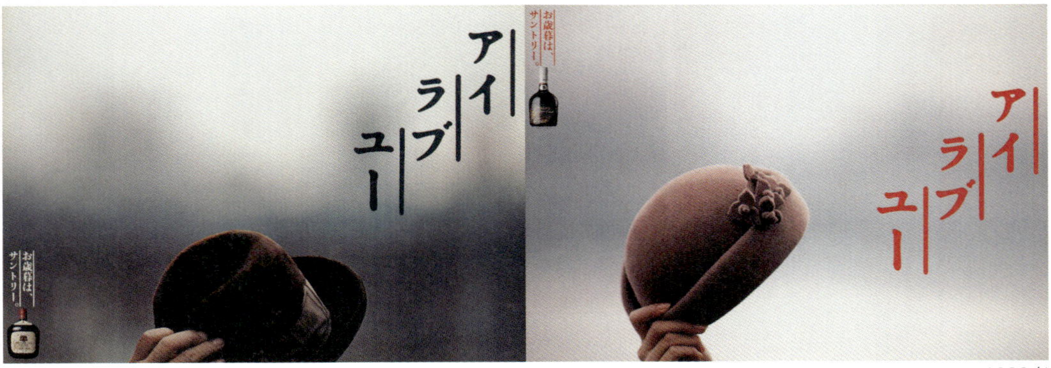

1983年

サントリー　サントリーローヤル
「ウイスキーをありがとう」
ポスター（AD）

1984年

西武百貨店 フェア告知
「極。今様倶楽部」
ポスター（AD）

1990年

ソニー　リバティCD
「VOICE of LIBERTY」
ポスター（AD）

1987年

ユナイテッドアローズ　企業広告
「ネクタイ男、クジャク女」
ポスター（AD）

1999年

「デビュー　ダ　ブー」
新聞広告（AD）

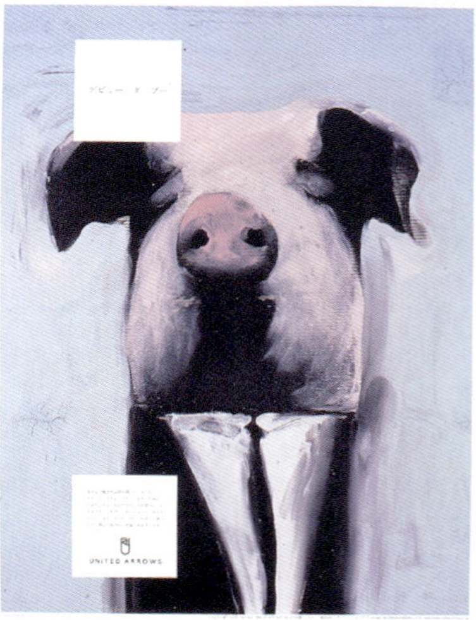

1999年

「IRASSYAIMASE」
ポスター（AD）

2003年

「Lungo」篇
テレビCM（AD＋演出）

2003年

サントリー　サントリーウーロン茶
「自分史上最高カレシ！」
ポスター（AD）

2002 年

「吾と空」篇
テレビ CM（AD ＋演出）

2002 年

トヨタ自動車　TOYOTA 86
「スポーツカーは、カルチャーです。」
新聞広告（AD）

2012 年

「Dawn Drive」篇
テレビ CM（AD ＋演出）

2012 年

広告ロックンローラーズ

宮田 識

箭内：あの…のっけから失礼ですけど、僕、宮田さんと言えば「怒る人」っていうイメージがあって……。

宮田：そうですか？（笑）

箭内：有名なエピソードありますよね？「一番搾り」の撮影で、緒形拳さんが結婚式の披露宴から帰って来て花束を投げ捨てベッドに倒れるシーンがあって、そのとき演出家にものすごく怒ったっていう。

宮田：まあ、その前から気分悪かったんですよ。で、1回言わなきゃマズいかなと。

箭内：最近は怒っている人たくさんいると思うんですよね。国や電力会社や色々なことに。でも、相手が無反応だと、振り上げた拳を下ろすタイミングがないってことありません？

宮田：いや、さすがに前みたいには怒らなくなりましたけどね。50代半ば過ぎた頃からは。ただ、クライアントにしても……。

箭内：あっ、クライアントにも怒るんですか？

宮田：それは同じですよ。筋の通らないヘンなことがあれば。

箭内：あの……今日怒る予感してないですか、僕に対して。すいません、こんな話から入って。

宮田：とんでもない。フツウにいきましょう（笑）。

箭内：実は最初にうかがいたかったのは、「勇気」についてなんです。今年に入って心ある人たちと話すと、みんなキーワードは勇気だって言うんですよね。いまって勇気がある人とない人に分かれてて、勇気を持たなきゃダメなんだと思うんですけど、宮田さんにとって勇気とはどういうものなんですか。

宮田：うーん、愛や平和と同じで、時代に関係なく常に必要な何かでしょうね。

箭内：普段のお仕事の中で言うと？

宮田：なんだろう？ なるべく勇気を振り絞らなくてもいい環境を作ってますけど。たとえば代理店と仕事をしていて、怠慢だなと感じたときにその関係を断ち切るのはすごく勇気がいるんですよね。ヘタをすれば生きていけなくなる。自分の生命が絶たれちゃうかもしれないわけでしょう？ だとすれば、最初からそういうことがない環境にしようとか。

箭内：代理店って何が悪いんですか。

宮田：結局もうけがすべてだったりするでしょう？ そういうところにいると、クリエイターもそういうふうになっちゃう可能性がありますよね。中心が営業だから。営業の支援をするのがクリエイターで、主役ではないんです。格好はともかく内実は営業主導で売り上げ主義みたいな、どうしてもそういうことになっちゃう。

箭内：実は、勇気があるかないかの基準で、仕事を4つに分類してみたんですよ。

宮田：どういう4つなんですか？

箭内：ひとつ目は、面白くてギャラがいい仕事。2は面白くてギャラが安い。3はつまらなくてギャラがいい。4はつまらなくてギャラが悪い。で、武士道じゃないですけど、自分が落ちないようにするためには、3以下をいかにやらない勇気を持てるかだと思うんです。それぞれが生きていくために、背に腹は代えられない中で。宮田さんは、そこ、うまいですよね？

宮田：別にうまくないよ。異常なほど営業力ない。それこそ競合のプレゼンテーションする勇気が持

お節介やきなんです。
周りのことが気になってしょうがないわけですよ。

（宮田）

てないくらいだから。

箭内：あ、そこに勇気がいるんですね。

宮田：うん、時間ももったいないしね。僕たちの時間ならいいけど、よその方を何人も引っ張りまわして1カ月や2カ月かけて準備するとなれば、付き合わせる皆さんに対しても申し訳ない。だいたいオリエンシートさえ見ないんですよ。あると邪魔でしょうがないから。普段は直でやってますから、一応方向だけ確認して先方に直接聞いちゃう。そこから自分なりに考えを整理して、もう一回アイデアを出します。僕の場合はね、さっきの1～4みたいなものはなくて、面白くて、勉強になって、表現ができる、この3要素を満たすかどうかを基準に考えますね。

箭内：勉強になるっていうのはどんな感じなんですか？

宮田：ずっと前から感じてることだけど、僕たちは稀な業界にいると思うんです。この仕事を始めて45年になりますが、付き合った企業はすごい数になっていて、業態や毎回の依頼に応じて色んなことが起こりますよね。で、僕らはその都度具現化しなきゃいけないじゃないですか。広告もそうだけど、それ以外にお店を作ってみたり、ものを作ってみたり。つまり、1から10をやる依頼もあれば、0から1の依頼もある。結果的に売れたか売れないかの責任まで考えざるを得ない仕事だったりもする。それってたぶん、ほかの業界にはないんじゃないかな？

箭内：ないですね。

宮田：うん、僕たちはある意味全部を見渡せるわけで、色んな視野からモノゴトを考えられる。それは勉強になりますよ。だから企業に対しても、もっと自信を持って、本当はこうやったほうがいいですよっていうのを、それこそ勇気を振り絞ってちゃんと伝えていったほうがいいと思う。いつも形ばっかりキレイで、明るくっていうんじゃなくて。

箭内：オリエンをする側も、やりながら迷っている場合もあるでしょうしね。そのとき宮田さんが出した答えを見ると、オリエンした人も「そうそう、実はこれを作ってもらいたかったんだ！」って逆に気づくんじゃないですか？

宮田：それはたぶん直でやった場合ですよ。代理店と競合やったらノーだな。全部落ちる、そういうのは。「リクエストと全然違うことやって…何ですか？ これは」みたいなことだから。

箭内：やったことはあるんですか、競合。

宮田：ありますよ、たまには。3年に1回くらい。でも、まずちゃんと見てもらえない。何人かはうなずいていたりするんですけど、まあほとんど無言で（笑）。もちろん自信はあるんですけどね。その会社にとっていいことだと思うから提案してるわけだから。でも、無理ですね。会社が考えていることと僕が考えていることがあまりにも違うと。

箭内：いっそ通らないほうがうれしいとか？

宮田：いや、腹立つ（笑）。聞きに行きますから。「なぜ落ちたんですか？」って。

箭内：それはまた来られる側は……。

宮田：迷惑だよね（笑）。でもそれだけ気合い入ってたってことですよ。で、さっきの勇気の話に戻すと、お客さんと直でやれるような環境から自分で作っていくと、言えるようになりますよね？

箭内：なるほど、そうですね。

宮田：ね？ 自信がつくから。僕は自分のところで商品を作ったり店をやったりして、お客さんはこう思ってるっていうのがわかってきたんです。すると

無償の愛って一番強いというか、周りから見たら最も脅威だと思うんですよね。
（箭内）

言えるんですよ。「そういうことをやっていると、いつかなくなりますよ。この会社は」なんて。

箭内：言うんですか、それ？

宮田：うん、そう言うと驚くじゃない？　だけど、こっちも付き合う限りは徹底してやるわけだから、意志を確かめないと。そこから課題を見つめ直す作業が始まるわけで、そのためには一度悪魔になるんです。

箭内：いや悪魔というか、それこそまさしく勇気ですよ。あと、今日もうひとつおうかがいしたかったのは、宮田さんと若者たちっていうかね、どんどん人が育っていってるじゃないですか。外から見てると「またドラフトの人が賞獲ってるわ」みたいな。それ、どういう仕組みになってるんですか。

宮田：まあ、みんな結構いい才能持ってるんで、こっちがそれをどこまで認めてあげるか、見つけてあげるかだけですよね。個人個人とちゃんと真剣に向き合ってると、ここはダメだけどここはすごくいいとか、わかってくるんで。

箭内：それだけですか？

宮田：うん。デザイナーになろうなんて思う人たちは、幼稚園や小学校の絵のコンクールで必ず賞獲ってたみたいな人たちなんですけど、予備校や大学行くと、「なんだ、みんなオレなんかより全然絵うまいじゃん」ってなったりしますよね？　そうこうするうちに、絵が好きでちょっとうまいだけの平凡な人になってしまうんです。そうなると、小学校や幼稚園の頃に自信満々でやってた頃の勢いのあるいい絵はもう描けない。だから、もう一回そこを見つけてあげればいいのね。

箭内：それはデザイナーみんなですか？　宮田さんのところに来た人だけじゃなく。

宮田：たぶん全員だと思う。だけど、こっちは悩みますよ。一人ひとりの能力に光が射すようにしようと思うと、先に行けそうな仕事を割り振って、そこからやってごらんっていうことになるわけだし、そのことで苦労もさせているかもしれない。オレの失敗かなあと思うこともありますよ。

箭内：うーん。だけど宮田さんは全部一人でやりたい人でもないんですよね？　自分の速度について来れるヤツとだけ仕事をしたいというわけではないというか。

宮田：僕はお釈迦さまなんだよね（笑）。と言うか、根が“おばさん”なんだと思うんですけど、基本そういう性格を持っているんじゃないですか？　つまり、お節介やきなんです。周りのことが気になってしょうがないわけですよ。だから僕、Facebookは絶対やれないと思う。全部にコメントしちゃいそうで。なんでも真剣になってしまうから。で、つい仕事と関係ない余計なことまでやってしまう。ゴルフ場の理事とかね。しかも無償で。

箭内：それはお節介かもしれない。でも、無償の愛って一番強いというか、周りから見たら最も脅威だと思うんですよね。「あの人なんであそこまでやってるの？」って。お話聞いてると、姿勢が一貫してますよね？ 商品や企業に対しても社員たちに対しても。それ、どっから来るんですか？

宮田：まったくわからないよ。まあDNAなのかな？ たぶん先祖が宗教家だと思うんです。うちの家、神社だったらしいんですけど。

箭内：つまり“宮田教”だと。でも、武将感もありますよね？ 大河ドラマに出てきてもおかしくなさそうというか。

宮田：それは怒るからでしょ（笑）？

箭内：いや……その……（笑）。

宮田：まあ、「なぜ社員が伸びるのか？」は僕にはあまりよくわからないというか、そこにメソッドはないと思うんですけど、いきなり道具を使わせないようにはしています。

箭内：道具とは？

宮田：Macですね。それが使えない環境をわざと作ってるんです。最初からMacに頼ってる人はあまり伸びないです。画面上でデザインすると、同じようなものが出来上がってしまうから。Macにお願いするのは最後ですよ。

箭内：なるほど、Macはなるべく使わせないと。

宮田：そもそもデザインや広告でさえ手段にすぎないわけですから。だって例えばの話、クリエイターは“Mac”ではなく“ロック”をやりたいわけでしょう？ 生き方として。それが形としてデザインになったり音楽になったり、そのほかの表現になったりするだけで、全部自分のイメージの具現化の作業ですから。もともとの部分が弱いと話にならないですよ。

箭内：そうなんですよね。職業選びが目的になってしまうと、結局その職業で何をしたかったのかがわからなくなりますよね。

宮田：ええ。頭の中に描いていたものを形にする作業を僕らはしているわけで、頭にないものはできないと思うんです。で、Macは頭ではないんですよ。あくまで頭の中にあるものを形にする道具にすぎないのに、最初からそれで始めちゃうってことは、そいつを頭として利用するってことじゃないですか。それは勘違いだと思うんです。もちろん、そのことを理解した上で使うと遊べるわけですよね。そうなるとMacを利用してすごいこともできる。ところが、いまって学生のときからずっとMacを使って表現しているから、それ以上のところを意識すらしないっていうかね。確かにうまいんだけど、「お前はどこにいるの？」っていうのがわからない。

箭内：作業員というのかオペレーターというのか、そっちになっちゃいますもんね。

宮田：自分のイメージを鍛えるべき時期に、そんなことばかりやってちゃダメでしょう。

箭内：いや、やっぱアートディレクターの人たちって面白いですよね。ある年齢を超えている方々は特に。この連載も細谷巖さん、葛西薫さんに続いて宮田さんなんですけど。

宮田：でもね、僕、実は58歳ぐらいのときに、思ったんですよ。もう年だから、早く引退しようって。

箭内：本当ですか!?

宮田：うん。でも、その頃から仕事がすごく面白くなってきて。

箭内：それ何年前ですか？

宮田：5年前。心の機械が僕の中で勝手に動き始めちゃった。つまり、たいして知りもしないし、未だまともに使えないコンピュータやウェブのことなんかが、自分の知っていることとつながるんです。で、「こういうのやってみたらいいんじゃないの？」なんて言うと、ウェブチームのやつらが「面白そうですね」なんて言うわけですよ。ゴルフで覚えたことが実はMacやウェブサイトのCMにつながっていったり、Facebookはこれからこういうふうになっていくんじゃないか？ なんて予想したり。

箭内：そうですね。全部がつながっていく感覚は僕もあります。ところで、宮田さんは若い人たちにずっと接してこられたと思うんですけど、45年間の中で変わってきてると思います？

宮田：基本は変わってないと思いますね。もし変わったところがあるとしたら、我慢強くなったんじゃない？

箭内：我慢強い？

宮田：うん。要するに喧嘩が始まらない。あと能力が上がりましたよね。僕らが10年くらいかかって習得したこともすぐできるとか。我慢強くて能力が高い。だけど……面白くないんだな。

箭内：どうしたらいいですかね？ 面白くなるためには。

宮田：「もっと好きに作れよ」とか「やりたいことを溜めちゃダメ」とかは言いますね。あとは「オジさんたち譲ってあげるから、力出せよ」ってことじゃないですか。それぐらい言えば面白くなっていくと思う。

箭内：それはポイントかも。ちなみに宮田さん、ご自身でいまやってみたい仕事とかってあるんですか。

宮田：この20年くらいずっとやりたいと思っていて、なかなかチャンスはないんですけど、地方自治体ですね。

箭内：へえー。

宮田：ヘンな話なんですよね。東京だけに全部が集まっちゃって、地方に勝ち目がないっていうのは。僕、日本ってすごい国だと思っていて、北海道から沖縄まで、みんな独自のいいものを持ってるじゃないですか？ 日本海側と太平洋側で気候や風土がかなり違う反面、それぞれが自然や四季にも恵まれている。なのに、なぜか地方は弱い。

箭内：それ、あれですよね？ 広告が一番怠けていたというか、都合よくやっていた部分だと思うんですよ。西のどこかの町に出したプランを東のどこかの村に流用するとかね。大きい会社ってそのノウハウがあるから、どこも同じになっていっちゃうというか。でも、いまはそんなチェーン店的なやり方だけじゃなくて、インターネットもあるしソーシャルメディアもあるしで、地方が元気なことをやったらちゃんと目立つことができる時代になってますよね。昔以上に。そうだ宮田さん、県知事になったりしないですか。僕ずっと探しているんですよ、福島県知事に適任の人（笑）。

宮田：うーん、ゴルフ場があるなら……。

箭内：ありますよ！

宮田：知ってる知ってる（笑）。冗談。そんなこと考えたことないよ。まあ、確かに日本の地方ってあまり行きたくない場所になっちゃってるというか、行ったところで何もないんではないか？ とみんなが思いこんでるところはありますよね。航空会社や鉄道会社がさかんにPRしているけど、いまいち魅力感じないというか。いや、本来はもっと魅力があったはずなのに、なくしちゃったのではないかな？ だからいま興味のある仕事は地域のインフラですね。それも交通やライフラインだけじゃなく、どうやったら地方を中心につながっていけるか？ っていう“気持ちの問題も含めたインフラ作り”が、一番カッコいいと思います。

箭内：“気持ちも含めた”っていうのが重要ですね。広告の本当の使命は、そのことによって人が幸せになったり、明日頑張ろうって思えたりすること、なんて言うとキレイごとに聞こえちゃうかもしれませんけど、みんながそう思って広告作ったらすごいなあって思うんですよね。オリエンにどう答えて、どう勝つかっていうこと以上の何かがそこにはある気がして。だけど、オリエンを受ける側も、だんだん気づいてきているような気がするんです。宮田さんが次いつプレゼンに勝つかはわからないとはいえ（笑）。

宮田：いや、ほんと（笑）。でもね、もうちょっと利口にならないとマズいなとは思ってるんですよ。もう年だからね。もう少し図々しくやってみようかなあなんて思ったり。

箭内：やってほしいですね。みんな宮田さんに怒られたがってると思いますよ。これ、あながち冗談でもなくて、叱ってくれる人とか何も怖くない人をやっぱ求めてるんですよね。若い人たちも広告の仕事の中でも。僕、今日怒られなくてちょっと負けたような気がしてます（笑）。でも、なんかすごく勇気をいただきましたね。

宮田 識（みやた・さとる）
ドラフト　アートディレクター

1948年生まれ。神奈川工業高校工芸図安科卒。日本デザインセンターを経て独立。1978年、宮田識デザイン事務所（現・ドラフト）を設立。モスバーガー、LACOSTE、PRGR、キリン一番搾り、キリン淡麗、世界のキッチンから、ブライトリング、ワコール ウンナナクール／サルート、パナソニック、AIR BUGGYなどの広告・販促の企画デザイン、商品・業態開発などブランディングを手掛ける。1995年「D-BROS」をスタートさせ、プロダクトデザインに参入。日宣美奨励賞、ADC最高賞、ADC会員賞、ADC賞、朝日広告賞、グッドデザイン審査員特別賞、日本宣伝賞 山名賞など受賞多数。東京アートディレクターズクラブ会員、日本グラフィックデザイナー協会会員、東京タイプディレクターズクラブ会員。

サントリー ジャック・ダニエル
「独立杯。」
新聞広告（AD）

1981年

横浜ゴム　PRGR
「三兄弟。」
ポスター（AD）

1985年

大沢商会　LACOSTE
「三十二色の聖夜。」
ポスター（CD＋AD）

1988年

キリンビール　一番搾り
「あ、一番搾りだ。」
ポスター（AD）

1993年

日本鉱業　企業広告
「南方熊楠（デスマスク）」
新聞広告（CD）

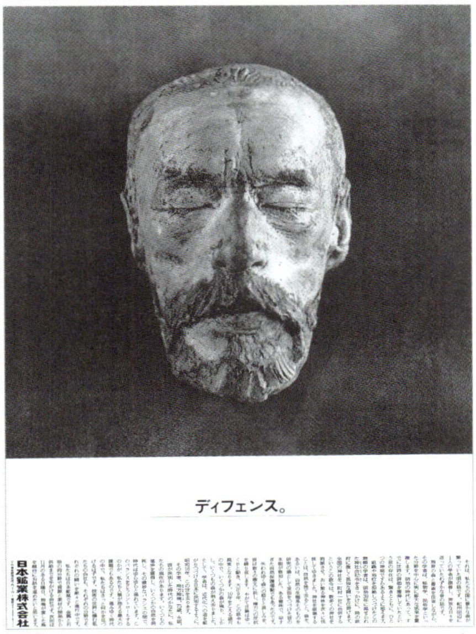

1989 年

トヨタ自動車　コロナ
「コロナ氏、登場。」
ポスター（CD）

1992 年

ブライトリング・ジャパン　ブライトリング
「機械。」
ポスター（CD）

1999 年

モスフードサービス　企業広告
ポスター（CD + AD）

1997 年

キリンビール　麒麟淡麗〈生〉
「ノド、快音。」
ポスター（CD）

1999年

ワコール　ウンナナクール
「Going Girls Way」
ポスター（CD）

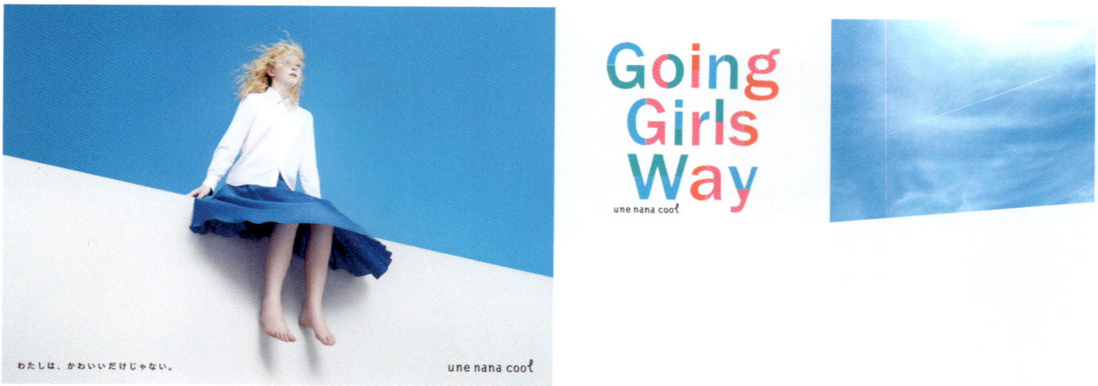

2014年

キリンビバレッジ　世界の Kitchen から
パッケージ（CD）

2007 年〜

広告ロックンローラーズ
早川 和良

箭内：早川さんは、いままで出てくださった方の中ではたぶん最年少だと思うんですけど。

早川：もう60になったんですけどね。

箭内：いや、全然若いですよ。実は今日、色々教えていただこうと思ってまして。

早川：はい、僕にも教えてください（笑）。

箭内：いやいやいや……。あの、いきなり瑣末な話で恐縮なんですけど、僕、今度初めて花火を撮るんですよ。それ、どうやったらうまく撮れると思いますか？ ヒントがいただきたくて。

早川：どういう解釈でいくかによりますけどね。でも、いま聞いて最初に思ったのは、花火って映像もそうだけど、やっぱり音が重要になってくるかなあっていうこと。ドーンとかパラパラっていう音もそうだし、見ている人の歓声であったり、人だけじゃなくこっちでクルマが走ってるかもしれないし、機械の音もするかもな？ とか。僕ならそういうところから考えていくでしょうね。（※編集注：対談の後、その日中に早川氏より箭内氏に次のようなメールが届いたそうです。「箭内さん、花火の映像のことですが音がヒントだといいましたがサイレントにして花火の明かりに浮かび上がる表情だけをハイスピードで見せるのもありますよね。逆に音が聞こえてくるかも。」）

箭内：なるほど。勉強になりました。自分も結構前から演出をするようになったんですけど、代理店のプランナーだった時代には、演出家の方がどなたかっていうのがすごい重要で、引き受けてもらえただけで仕事が半分くらいできちゃったつもりになるんですよね。で、うかがってみたいのは、早川さんの場合、仕事が来たときに「引き受ける・引き受けない」のポイントってどこにあるんですか。

早川：いや、僕は基本的には断らないですよ。

箭内：え？ そうなんですか。

早川：うん。なんて言うのかな？ 企画もやりながら演出をするように教育されてきたから、企画がちゃんと理解できればその演出を断ることはしないんですけど。

箭内：へえ、そうなんですね。早川さんと言えば、三浦武彦さんや安西俊夫さんみたいなすごい方の仕事でスケジュールが埋まっちゃうんだろうみたいなイメージだったから、僕なんかがお願いしたくても無理なんだろうと思ってました。

早川：んー、そう言えば1回だけ断ったことあります。

箭内：1回だけですか!?

早川：うん、それはコンテを見て、企画はすごくわかるし広告としてもちゃんと成立するものだったんですけど、アニメーションでね。こういうふうに行くという世界をそうとう求められるものだったから、「ごめんなさい、それなら僕よりもっと素晴らしい人がいます」って断ったのが1回。

箭内：へえー。

早川：あ、実は2回ある。それも企画はしっかりしていたんですけど、コピーがどうしてもね、僕にはなんかリアルに想像できなかったというか。で、「これを理解して演出できるところまで僕はまだ成長していません」ということで。

箭内：ほお。

早川：そう言えばもう1本あった。

箭内：あはははは！ どんどん出てきそうですね（笑）。

オレが感じることはみんなも感じてくれているはずだし、逆にみんなが感じていることを実はオレも感じているんだなあって。

（早川）

早川：そのときは「企画が完璧すぎる」という理由で。どこからみても破綻がないんですよね。糸井重里さんがやられてる仕事だったんですけど、世界観も言葉も完璧で、「絶対このバランスを崩せないな」っていうふうに思って、「あまりにも破綻がないので申し訳ないですが」と言ってお断りしました。でも、その3回くらいですよ。

箭内：いま聞いてて思ったんですが、自分ごとになりそうか、ならないかっていうのはやっぱり大きいですか。

早川：大きいですね。なんて言うんだろう？ 自分が同化できる余白がないと。じゃないと、全身全霊は無理ですから。ある時間をかけて15秒や30秒を作るわけですよね？ そういったときに、大袈裟なことを言うと僕らは、“命を吹きこむ”作業をやっていると思うんです。「動け！」って企画に力を送りこむと、それが生き物になるというかね。だから“おまじない”じゃないんですけど、自分なりの思いを持てるものでないと難しいですよね。

箭内：早川さんの中で反発みたいなものもあるんじゃないですか？ 自分が同化できないことを言うことに対して。

早川：確かに広告的に正解であっても、演出したときどうか？ っていう部分は残りますね。「どうやって企画に命を持たせるか？」ということをやっているわけですから、どうしても生理的なものや好き嫌いは出てきますよ。

箭内：だけど、本当は広告会社の人のほうでも、正しい正しくないだけじゃない思いの部分や、自分の哲学みたいなものを持っていることも必要ですよね。いまは、ものを作る人全員がそういう“思い”を問われているときなんじゃないかなあって思いますけど。

早川：まあ、広告代理店の中にも色んな方がいらっしゃいますからね。特にアートディレクターの人たちは、日頃も自分たちの手から形を作り出していってるぶん、こだわりをお持ちの方が多いですけど。

箭内：そうですね。自分の手を動かしてないと何かがわからなくなってしまったり、みんなを引っ張っていくときに説得力がなくなっちゃうんじゃないか？ っていう恐怖感から演出をやっている部分は僕もあります。出だしは、演出家に怒られるのが嫌で始めたんですけど（笑）。ところで、早川さんって学生時代、彫刻をやってらしたんですよね？

早川：ええ、よく聞かれるんですけど、彫刻志望で広告やってる人ってそんなにいないんです。まあ、要するに彫刻じゃ食っていけないから、別のことやらなきゃみたいな感じで始めただけで、いい加減なきっかけですけど。でもね、いまになって考えてみると、その経験がすごく役立ってるなあというふうに思うんですよね。彫刻ってほら？ まず芯棒から作りますよね。ポーズや形に応じた芯棒を作ってその上に粘土をつけていくんですけど、それがしっかりできていないと、あとでどんなに頑張ってもダメなんですよ。表面だけごまかしてもバレてしまう。

箭内：デッサンみたいなことですよね？

早川：そう、この仕事を始めて思ったのは、やっぱりそのデッサンに当たる部分というか、要は企画ですよね。広告としての骨組みがしっかりしてないとどうしようもないんだなっていうことがひとつ。
もうひとつは、彫刻は平面じゃなくて立体でしょう？ で、立体をつかむということは「時間でつかむ」ということでもあるんです。空間を練る作業の場合、時間とのつき合い方に長けていることが重要なので、そこはちょっと得したかもしれない。デッサンでもありますよね？ 途中から「あー、いい感

いまは、ものを作る人全員が“思い”を問われているんじゃないかなって思います。
(箭内)

じになってきたなあ。これ行けるかも」と思える瞬間が。

箭内：ありますね。

早川：ね？ CMの演出もそうで、特に編集のときなんてもう格闘ですから。「これ、失敗作になるんじゃないかなあ……」なんて思いながら色々試行錯誤しているうちに、「おっ、動き始めた！」いう瞬間があって。そういうプロセスを経て、さっき言ったみたいに命が吹きこまれていくというか。

箭内：あー、ありますよね。「よくなってきた！」というう れしさと「実はよくなったと思ってるのは自分だけかもしれない……」みたいな不安が交錯する時間が。そう言えば僕、会社入ったときに衝撃的だったのは、美術大学じゃない人たちと一緒に働くわけじゃないですか。その人たちって、みんなすごい自信持ってるんですよ。コピー100個書いたら

「100個ともいい」みたいな。でも、美術大学の人たちは自信なんて打ち砕かれながら育ってますからね。デッサンをどんだけ一生懸命描いても、ほかの人のと並べたら形が狂ってたみたいな経験をさんざんやってきているわけで。

早川：まあ、美術大学って結構、残酷ですから（笑）。自分よりうまいヤツが確実にいるということを突きつけられる。そういう経験に慣れているかっていうのはありますよね。そこで自分を失わない強さというか。

箭内：そうですね。会社に入ったら入ったで、賞を獲ったとか、広告の業界誌に載ったとか、そういう競争みたいなものがあるわけで。それで自信を失っていく人が多いんですけど、そこでめげない人は強いですね。あと、早川さんにもうひとつ聞きたかったのが、博報堂の宮崎晋さんや宗形英作さんたちと「夢見るヒコーキ」（全日本空輸）をやられたじゃないですか。実はそれがこの連載のきっかけにもなったんです。おじいちゃんたちの“二毛作”というか、昔すごいことをやっていた人がもう一回すごいことやってやろうっていうのが、僕いま一番面白いなあと思うんですよね。「隠居しちゃうんじゃなくて、まだまだ現役だぞ」という生き様にインスパイアされるものがあって。早川さんは宮崎さんと仕事されたのは初めてだったんですね？

早川：そうですね。

箭内：宮崎さんが、あの歳になって早川さんと仕事してみたいと思ったのがすごくいいなあと思ったんですけど、あのシリーズはどうやって出来上がっていったんですか。

早川：最初に宮崎さんから、「こういう企画でご一緒できませんかね？」というお話があって。で、「それは面白そうですね」なんて言いながらやりとりし

ているうちに、自主プレしてみようという話になったんですね。それで僕たちが一番やりたいもののほかに2案作ってプレゼンしたら、当時の副社長だった伊東信一郎さん（現・ANAホールディングス代表取締役社長）が、「残りの2つなんかいらないよ」と。「こんなのはいつでもできるし、しょっちゅう提案もされている」とおっしゃったんです。それで「夢見るヒコーキ」になりました。

箭内：そうだったんですね。

早川：なんて言うのかなあ？ よく言われることだけど、当てにいこうとしたらダメで、三振してもいいと思って思いっきり振り切ったら、ちゃんと当たったって言うのかな。

箭内：最新作のユーミン（「故郷」篇）には意表を突かれたんですけど、最初の「バースデイケーキ」もすごく印象的でしたね。

早川：あれはね、中華料理屋で宮崎さんが「この料理のところに飛行機がふうーっと飛んで行ったら面白いよねえ」って言ったのがきっかけでしたね。僕も「“マイ飛行機”があったらいいですね」って話をしていたんです。ポケットの中に自分の飛行機があって、自分が行けないときに代わりに行ってくれる。孫悟空の筋斗雲みたいなものというか。そういった解釈がうまく混ざり合って企画が出来上がっていきました。演出面では、「飛行機をどうしよう？」っていうのが難題でしたけど。

箭内：あれはCGじゃないんですね？

早川：最初はCGでやる案もあってテストしたんですけど、みんながイメージしていた“ちっちゃな飛行機”にならなくて。で、「小さな飛行機ってどういうものだろう？」と考えた結果、「それはCGで精巧に作るんじゃなく、ミニチュア飛行機そのものなんだ」ということがわかった。その頃、僕ロケに行ったときに、たまたま禅寺で盆景っていうのを見たんですね。箱庭みたいなものなんですけど、ちっちゃなお盆の上に小さな枯山水を作って、それをじーっとみながら瞑想するものなんです。その小山の上にちっちゃな五重塔があったの。それを見た瞬間、ふーっとその世界に入りこめた。そのとき「あっ、これだ」と。ちっちゃな飛行機っていうのは、手で触れるリアリティのある“小ささそのもの”なんだということがわかって、ああいう形になりました。本物のミニチュアにしたのはすごくよかったと思います。

箭内：なるほど。そうだったんだ。

早川：うん、それで思い出す面白い話があってね、NHKのドキュメンタリーを作ってらっしゃった吉田直哉さんというディレクターが、養老孟司さんとの対談の中でこういうことを言ってたんです。「魚という映像は永遠に撮れないんですよ」って。

箭内：どういうことですか、それ？

早川：たとえば、“魚”という映像を撮りに行っても、それは「秋刀魚」だったり「鯛」だったり「金魚」だったりしますよね？ つまり映像っていうのは抽象にならない。具体なんです。決して記号にならないんですよ。あの飛行機もミニチュアにすることで、初めてカタカナで書いた「ヒコーキ」になったんじゃないかなあと思って。

箭内：うーん。それにしてもいいですよね。JR東海の新幹線で名作をたくさん作っていた早川さんが、その約20年後に今度は飛行機で作るっていうのが。

早川：楽しいね、楽しい。

箭内：「移動」や「人を運ぶ」っていうことは、それだけで色んなことが起きますよね。人の思いも運んでいるというか。僕は1990年に広告の世界に入りましたから、大学にいた頃から入社時がちょうど「シンデレラ・エクスプレス」や「ハックルベリー・エクスプレス」の時代で、ああいうのを見て広告の存在を意識したんですよね。いま振り返ると。あの頃はなんていうんでしょう？ 自分と比べてはいけないんですけど、やっぱりすごいじゃないですか。描かれる世界がキラキラしてるというか。いま見ても古くなってないですしね。早川さんと三浦武彦さんの本（『クリスマス・エクスプレスの頃』）も読ませていただいたんですけど、ああいうキラキラってどこから生まれるものなんですか？

早川：うーん、それは難しい質問だけど、まず僕、子どもがすごく好きなんです。「ハックルベリー」で言うと、夏休みの体験ってみんなあるわけじゃないですか。子どもにとっての夏休みって、その1年のハイライトですよね。田舎に行って蝉をとったり、海で貝殻を拾ったりとか。ありふれた体験であっても輝いてる。そういった夏の光の記憶は、みんなが追体験できるというか共感できるものですよね？ でね、僕、そういうものをまったく疑ってないんですよ。人間は基本的に2000年前もいまも変わらないと思っていて、子どもが大人になっていく過程で、成功があり挫折がある。そういうものっていつの時代も伝わるし、古くなりませんよね。

箭内：「少年のままの目」でなんて言うとイージーかもしれませんけど、なんでそういうふうにいられるんですか、早川さんは。

早川：なんでだろう？ 「オレが感じることはみんなも感じてくれているはずだし、逆にみんなが感じていることを実はオレも感じているんだなあ」というふうにはよく思いますけど……。そこですかね？

箭内：それ、ずっと変わらないですか？

早川：うん、変わらない。異質なことやとんでもない変化球は僕にはできないもん。そこでスタンドアウトするみたいなことはね。

箭内：そう言えば、細谷巖さんがこの連載のゲストで来てくださったとき、一番好きなCMは「シンデレラ・エクスプレス」だっておっしゃってました。行きつけのバーにDVDを置いて、お酒飲みながら繰り返し見てるって。それ、聞いたことあります？

早川：はい。ありがたいことですね。面と向かって言われたことがあって、もう真っ赤になっちゃいましたけれど……。あれも疑似体験から来ていると思いますね。あのとき僕は35かそこらの歳でしたけど、見た人が「自分にもこんな青春があったかもしれない」と思ってくれたらいいなぁと思いながら作ったんです。「クリスマス・エクスプレス」の深津絵

一人でも多くの人に役立つことを自分の喜びにできるかどうかだと思います。
（早川）

里さんやほかの女優さんたちは当時まだ10代でした。それもね、20代の人じゃダメだと思っていたから。さっきのミニチュアの話と似ていて、登場人物をちょっと若くすることで、自分を投影しやすくなるんじゃないかと思って。20代の人が20代の人を見ると、「自分はここにいない」と感じてしまうかもしれないので。

箭内：“疑似体験”はキーワードですね。さっきの「魚」の話にも近いと思うんですけど、「恋愛」という映像なんてゼッタイ撮れないんですよね。あそこで描かれるような恋愛をみんながしていたわけでもない。だけど、なぜか自分を投影できてしまう。

早川：それは大切なんですよね。そう言えば、親子など人間関係の描き方がアジア的だと言われたこともあります。以前、タイで半分暮らしながら向こうで何本か作ったことがあるんですけど、「ハックルベリー」とかあのへんのJR東海のシリーズって、タイの演出家たちにけっこう影響を与えたらしくて。

箭内：へえー。タイでも観られてるんですね。

早川：うん、タノンチャイっていう、いまカンヌでもベストテンくらいに入っている演出家がいて、そのとき彼が僕のアシスタントやってくれたんですけど、「教科書にしてます」なんて言ってくれたり。

箭内：早川さんの作るコマーシャルって、すごく優しくてきめ細やかで日本人的だなあと思う部分と、海外の人が作ったって言われてもなんか腑に落ちる大陸的な部分の両方がありますよね。なんなんでしょう？ あの「人間的な温かさとクールな客観性の両立」みたいなものって。やっぱり彫刻と関係ありますかね？

早川：まあ、何もないところから形が生まれていくことの楽しさは世界共通ですからね。結局、子どもの粘土遊びに近いってことなのかな？

箭内：いまおっしゃったような肉体性は大事ですよね？

早川：それはものすごく重要ですよ、演出家は。あと、僕の方針っていうのかな？ コマーシャルや広告について、唯一こうでなければならないと思うのは、「明るくなければいけない」ということ。みんながワクワクしてくれたり、前向きになってくれるものを作りたいんですよね。

箭内：あの、普段テレビはご覧になります？

早川：テレビ？ 観てます。僕、コマーシャル大好きだから。番組は録画しないでコマーシャルだけ録画してるんです。で、「面白いのないかな？」「だれか楽しいことやってないかな？」っていう目で観てて、いいのがあると「きたきた！」と。そうなると、やっぱりうれしいですよね。

箭内：うれしいですか。

早川：うん、うれしいし悔しい。いや、いまは悔しいっていうよりもうれしいかな。昔は悔しかったかもしれない。

箭内：うーん。

早川：こんな素晴らしいCM作るヤツは早く死んじまえと（笑）。

箭内：あはははははは。

早川：でもね、いまは楽しみ。新しくて、素晴らしいものが出てくるのは。

箭内：若い演出家たちやプランナーたちに対して、「もっとこうすればいいのに」とか「もったいないなあ」みたいなことってありますか。

自分のために頑張る人には、必ず限界が来るそうなんです。
（箭内）

早川：うーん、そうですね。「若い人はどうやればいまの困難な状況を乗り越えていけるのか？」ってよく聞かれるんですが、僕が30年前やってた頃と状況やシステムが全然違いますから。昔はなんでもありみたいなとこもありましたけど、いまは産業として成熟してますよね。でも、よく考えてみると結局は同じかなあ……と。クライアントがいて、先輩や後輩がいて、ライバルがいてって話ですから。手続きがややこしくなっちゃったところはあるけど、基本的には変わらないんじゃないですか？「考える前にやれ！」っていうのはよく思いますね。ウジウジしてるんだったらやっちゃいなよと。せっかくこの仕事を始めたんだから、自分たちで楽しいように変えていけばいいと思うんですけど、理想を言い過ぎかな？

箭内：いや、やっぱ動かないとダメですよね。口だけで動かない人は信用できない。

早川：うん、「やりたいものを提案して形にしていく」。それしかないと思います。で、なんだろう？それでも広告でやることがないと感じたら、別のフィールドに行ったほうがいいのかもしれない。箭内さん、いま色んなことやってらっしゃいますよね？

箭内：僕は全部広告だと思ってやってるんですけどね。人の魅力を伝えたり、だれかを応援したりするのも広告だと自分の中で規定してますから。

早川：それはすごくわかる。

箭内：それだったら、全然違うところに出かけて違うことをやっているとは思わないようにしていて、逆に出かけた先で広告業界で勉強ないことを勉強して、広告業界に持ち帰ってくればいいかなあと思っているんです。だから広告は大好きです。

早川：いまの言葉をヒントにすると、広告の仕事はアートと違って、クライアントが必ずいて、その企業や商品のためになることを提供する仕事じゃないですか。だから、自分のやることで世の中や人の役に立ちたいと思えるかどうかだと思うんです。
例えば、僕が一番うれしかったのは、SONYのビデオテープの仕事をやったとき、担当の人から「すごいです！ あのCMをやった後、商品が4倍売れましたよ」って言われてね。で、「ああ、よかった」と心底感じたんです。やっぱり広告の仕事はそれじゃないかと思います。一人でも多くの人に役立つことを自分の喜びにできるかどうか。それは箭内さんがおっしゃっている、広告に近いことかもしれないなと。

箭内：この前、何かの記事で読んだんですけど、自分のために頑張る人には、必ず限界が来るそうなんです。だけど、人間ってだれかのために頑張るモードに一回入っちゃうと、一生続けられるっていうんですよ。それ読んで、なるほどと思って。いまの若い人たちは、僕ら世代以上にそのポテンシャルが高いというか、「人のために何ができるか？」ということをすごく考えてる部分がありますよね？ だけど、何をどうやったらいいかわからない人も多い。「世界を変えなきゃ」とか「人の命を救いたい」と思っても、そう簡単にはできないわけで。でも、いま早川さんがおっしゃったみたいに、売上がちょっと増えただけでも自分が役に立てたのかなとか、だれかのヒントくらいにはなれたのかなって思えるようになると、かなり前向きになれる気がします。

早川：そうですね。で、だれかの役に立とうと思うと、結局トレーニングを積んで自分を鍛えないとダメなんだということにも気づけるようになる。被災地に行ったとしても、体力がなければできることは限られてしまうわけで。そこで自分との関係性が出てくると思うんですよね。

箭内：精神的な面でも同じですよね。震災の後、若いミュージシャンの中には、思い切りが悪くなってしまった人もいるんです。自分の書いた歌詞がだれかを傷つけてしまうんじゃないか？ というふうに思って。逆に40〜50代のミュージシャンのほうがタフ。「だけど自分はこれを届けなきゃいけない」というふうに思い切れるというか、いまおっしゃった意味で鍛えられているような気がするんです。だから60代のクリエイターってね、すごく面白いと思う。60代になってまだ諦めていない人とか、自分を若造だって言っている演出家が、いまこそ必要な人材なんじゃないかと思うんですけど。

早川：いや、振り返ってみると我ながらショックですけどね（笑）。あっ、もうそんなにやっているんだって。ニーズがある限りはやり続けたいなあって思いますけど。

箭内：昔といまで変わったことってあります？ 早川さんご自身の仕事のやり方とかで。

早川：何も変わってないですね。昨日も演出コンテ描いて、夜からプロデューサーと打ち合わせして、帰るのは2時、3時みたいな。ただ、経験を積んだぶんだけ、迷うことは少なくなりました。

箭内：僕も若い頃は「経験」って言葉が大嫌いだったんですけど、色々便利ですよね。

早川：便利便利（笑）。いままで遠回りしてきたおかげで、近道って言うとヘンだけど、瞬間的にそれは違うって言えたりとか。

箭内：このまま進んでいったら悪いことが起きそうだと事前にわかったり（笑）。あと、早川さんの仕事歴の中でも色んな技術革新がありましたよね？ そのあたりにはどう向き合ってこられたんですか。フィルムからデジタル映像になったり4：3が16：9になったり、いろんなイノベーションをサーフィ

ンしてこられたと思うんですけど。

早川：僕はね、そこはなんにもこだわらない。フィルムだろうと最近のデジタル映像だろうと。つまり、フィルムじゃなきゃ伝わらないっていう感覚はないんですね。新しい技術が入ってきて、もっとやりやすくなったんだから、それを利用したらいいかなあと思ってます。ただ好き嫌いはあって、どうしてフィルムのトーンが好きでビデオのトーンが嫌いかと言うと、そこに明らかに差があるからですね。だったら、こっちに近づければいいじゃんというだけの話で、いまはそういうこともできなくないですから。唯一こだわるとすれば「人肌感」でしょうね。でも、デジタルだから人肌感がなくなるってわけじゃなく、技術がどんどん進歩すれば最終的には人肌感も表現できるようになるだろうし、デジタルならではの新しい表現も楽しいと思う。

箭内：早川さんは新しい技術をどうやって知っていくんですか。若いスタッフとのコミュニケーション？

早川：ええ、うちの若い人たちが「こんなのありますよ」なんて紹介してくれるから、面白いなあ、なんて思って。30代の人が多いんですよ。

箭内：そっか、Camp-KAZ（※早川さんが代表を務めるCM企画・制作会社）の環境も大事なんですね。

早川：実はオレ、なんにも尊敬されてないの（笑）。

箭内：えええぇ（笑）？尊敬は絶対してるでしょうけど。

早川：ソファーで寝てると平気で人の足を踏んで入って来るみたいな感じ（笑）。でも、それはそれで全然よくて、そもそもうちのオフィスは間仕切りもなければ、僕の部屋もない。みんなで一緒にやっている感じだから。同じ年代で固めちゃったら、ちょっとつまらないかもしれない。「昔はこうだったよね」って話ばかりになっちゃって。

箭内：ちなみに早川さんは、これからやってみたいことってあるんですか。

早川：この連載で、前に宮田識さんが地方自治体の話をされてたけど、実は僕、石川県の観光総合プロデューサーっていうのをもう5年くらいやっているんです。学校が金沢（金沢美術工芸大学）だったでしょう？ そのご縁で。で、なんでそれを続けているかと言うと、30年以上前に僕がいたときと、いまの金沢の街並みがもう全然違っちゃっているのね。いい建物が壊されて駐車場になり、目指すはミニ東京みたいな動きもあって、結局はシャッター街みたいになってる場所もある。だから、さっきの箭内さんの話じゃないけど、広告で30年やってきたことで何かお役に立てればなあっていう思いはありますよね。

箭内：うん、助けてほしいって言っている人に、色んな技術やコネや知恵を駆使して返していくことが、すごく大事なんじゃないかなあって気がするんです。そういうことを恥ずかしがらずにやることが、いま必要なんじゃないか？ って気がして。

早川：なるほど。でも、確かにそうですね。遠慮の塊で真ん中が空いちゃっているってこともあるのかもしれない。

箭内：石川県に早川さんの記念館作ったらいいですよね（笑）。僕、言いに行きますよ。

早川：はははははは。

箭内：あと、僕、今度早川さんのところに行っていいですか？ こっそり。行って何をしたいかと言うと、自分が作ったやつを添削してほしいんですよ

（笑）。もっとこうしたら届くよっていう技術的なポイントがいっぱいあるような気がして。

早川：僕でお役に立てるんであれば……ぜひぜひ（笑）！

早川和良（はやかわ・かずよし）
ティー・ワイ・オー 専務取締役／Camp KAZ 代表／CM ディレクター

1952 年生まれ。1975 年金沢美術工芸大学彫刻科卒。同年日本天然色映画企画演出部入社。1982 年ティー・ワイ・オー設立に参加。2003 年 Camp KAZ 設立。ACC グランプリ、ADC 賞、フジサンケイ TVCM 大賞、広告電通賞、カンヌ国際広告映画祭 金賞、アジア広告映画祭 最高賞、IBA 賞、ロンドン広告映画祭 部門賞、タイ広告賞金賞、ニューヨーク国際広告フェスティバル 金賞ほか。

ソニー　リバティ CD
「ウィリー・ネルソン」篇
テレビ CM（演出）

1984 年

カルピス食品工業　カルピス
「自転車」篇
テレビ CM（演出）

1986 年

ライオン　クリニカ DFC
「ザ・ロンゲスト・デイ」篇
テレビ CM（演出）

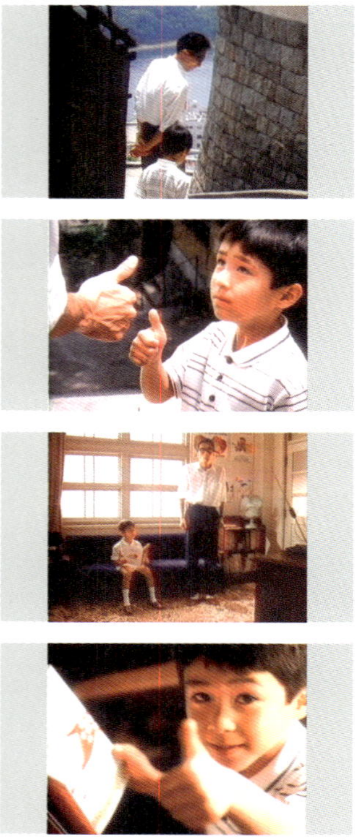

1989 年

東海旅客鉄道
クリスマス・エクスプレス'89
「牧瀬里穂」篇
テレビCM（演出）

1989年

東海旅客鉄道
ハックルベリー・エクスプレス'89
「夏休み」篇
テレビCM（演出）

1989年

メルセデス・ベンツ日本
Eクラス'97
「24の季節」篇
テレビCM（演出）

1996年

日本マクドナルド　企業広告
「ゆれる心」篇
テレビ CM（演出）

1997 年

キリンビバレッジ　キリン聞茶
「茶館」篇
テレビ CM（演出）

2001 年

郵便事業　年賀状キャンペーン
「年明け年賀・坂本龍一」篇
テレビ CM（演出）

2007 年

東日本旅客鉄道
大人の休日倶楽部
「舞娘」篇
テレビCM（演出）

2007年

全日本空輸　企業広告
「あこがれのJAZZ CLUB」篇
テレビCM（演出）

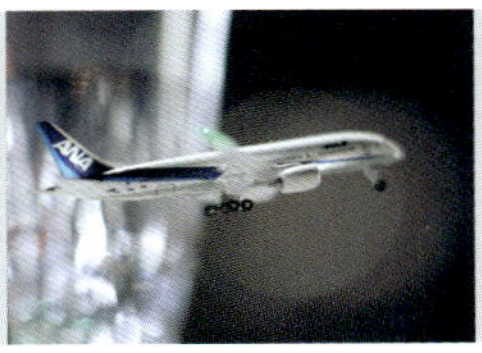

2008年

広告ロックンローラーズ
天野 祐吉

箭内：いままでのこの連載のゲストの方の中では、たぶん最年長ですね、天野さんが。いま広告界で天野さんより年上の方って、どなたがいらっしゃるんですか。

天野：どなたでしょう？ もう、ほとんどいないんじゃないかなと思いますね（笑）。僕らが先輩として、色々お話なんか聞いたりしたのは梶祐輔さんや土屋耕一さん。あと西尾忠久さんとか、そういう世代ですから。

箭内：今日は僕がお話うかがえる立場なんですごい楽しみなんですけど、どこから聞こうかな？ 広告のいままでのことというよりも、いまのことやこれからのことを聞きたいんですけど、いきなり重いとこに行くのもなあと思うんで……。あの、最近どんな感じですか（笑）？

天野：『広告批評』をやめてからは隠居の身ですから、生活も足元もフラフラしてる（笑）。それまでは、朝になると会社に行かなきゃいけないとか、だれかに会わなきゃいけないなんてことがあったわけですけど、自分で自分のスケジュールを決めながら暮らすのが隠居ってものでね。初めは面食らったけど、最近はそれが面白くなってきました。

箭内：でも、“隠居”と“引退”はやっぱり圧倒的に違いますよね？ 広告という存在そのものから離れてしまったわけではないですよね、天野さんは。本も作ってらっしゃるし、「CM天気図」（1990年に開始した朝日新聞の連載）も続けてるわけですから。

天野：そうですねえ。江戸時代はね、一に園芸、二に魚釣りと言って、それが隠居の道楽なんです。で、三つ目に来るのが研究や表現活動。好き勝手な絵を描いたり文章を書いたりするのが、一番奥が深くて面白い隠居の道楽だった。例えば、（安藤）広重という絵描きは20代で隠居して、それから浮世絵師として自立したんです。平賀源内も井原西鶴も30代で隠居してから面白い仕事をしたし、伊能忠敬が日本の地図作りに打ち込むのも隠居してからですから。

箭内：なるほど。結局あれですね、ライフワークを人がそれぞれが持てるかどうかがいますごく大事な時代だなと思ってるんですけど、それを遂行する状態が隠居なんですね？

天野：そういうことです。社会的束縛の中で仕事して、一般的には家族を持ち、子どもを育て……というのが第1の人生だとすると、第2の人生はそれを卒業し、社会的なルールや規範に縛られないで好き勝手なことをする。それを隠居っていうんです。

箭内：でも、そう考えると天野さん、隠居は最近始めたんじゃなくて、平賀源内とかと一緒でね、昔、博報堂を辞めた時点で始めてたんじゃないですか？

天野：そうなんですよ、結構早いんです、隠居は（笑）。いまは隠居の第2期に入ってる。箭内さんだっていまはもう隠居じゃないですか？

箭内：隠居ですね、確かに（笑）。それを隠居って呼べるんだ。ホッとしますね。

天野：横尾忠則さんがもう数年前に「隠居宣言」っていうのをしたんですけど、横尾さんに聞くと、隠居っていうのはお金のためとか食うための仕事はしないんだと言ってましたね。だから隠居は暇だっていうのは大間違いであって実は忙しいんだよと。

箭内：たっぷり蓄えを作って、さあ隠居だっていうのもあるけど、蓄えないまま好きな仕事しかしない。それでメシが食っていける状態をいかに作っていくのか？ というのも隠居術として重要なものですね。
ところで天野さんの場合、隠居第2期に入ったと言

どんどん掘り起こされて増大する人間の欲望すべてに応えるほどの資源は、地球にはもうない。

（天野）

っても、背中に“広告”って入れ墨彫ってんじゃないか？ っていうぐらい、広告との関係は終わってないんですけど、天野さんにとっていまの広告ってどういう存在なんですか？

天野：激動期でしょうね。でも、激動はなにも初めてのことじゃない。僕はね、出版社で約10年間編集の仕事をしたあと、1960年代のはじめに博報堂に入ったんですが、いま考えるとその時期が、広告の大きな変動の第1期だったと思います。当時、日本生産性本部がマーケティング視察団をアメリカに派遣したりしてね、「これからは広告じゃない、マーケティングだ」というようなことが盛んに言われていたんです。いわば「マーケティング活動の一環としての広告」という理論武装をしようとしたわけですが、それがちょうど高度経済成長の入り口の時代で、その考え方が時代と合致して、広告は大きく変わっていったような気がします。次は90年代の終わりかな？ あるいは21世紀になってから第2の大波が来ましたね。その第2の大波が来たことと、『広告批評』をやめたのが合致してるんですね。

箭内：どう合致してるんですか、第2の大波と『広告批評』の休刊は？

天野：ウェブが出てきたということもあるでしょうけど、マスメディアを使った広告が持つ力がどんどん失われていきましたね。世の中を引っ張って行ったり、変革していく力が非常に落ちました。広告が第1期に作り上げてきた、生活のイメージや生活スタイルが通用しなくなってきた。いままでの延長線上でものを買わせることができなくなってきた。戦後のマーケットを大きなスポンジに例えたとすると、初めのうちは商品が足りなくて、水道の蛇口からポタポタとしか水が出ない状態だった。やがて企業の設備投資がさかんになり、大量生産システムが出来上がると、ジャージャー水が出ますよね。でも欲求のほうが大きいから、水はどんどん吸い込まれていったんです。ところがスポンジも、もうこれ以上は水を吸い込めなくなるときがきます。だからある段階以降は、スポンジをしぼったり、新しいスポンジを付け足そうってことでやってきた。80年代からはだいたいそうでしょう？ 基本的な欲望は満たされてるのに、なおかつまだ売らなきゃいけないんで。

箭内：そうやって新しい欲望を開発していく？

天野：ええ、そういうことでやってきたんですが、それももうスポンジがビショビショになってしまった。あとからあとからスポンジを足していくやり方がもう限界にきたということですよね。21世紀になったあたりで、それはもうニッチもサッチもいかなくなってしまった。というわけで、21世紀の広告は、20世紀の広告とは違う新しい考え方を持たないとやっていけない時代になったということですね。「地球は人類の必要を満たすためには十分だけど、人類の限りない欲望を満たすには小さすぎる」ってガンジーが言ってるように、どんどん掘り起こされて増大する人間の欲望すべてに応えるほどの資源は、地球にはもうない。完全にそういう時代に入っているということですね。いま「脱原発」が大きなテーマになってますが、あれは言ってみればね、「脱成長」だと僕は思っているんです。「なぜ原発が必要か？」っていうと、家庭に電気を点けるためじゃなく、大量生産の歯車を回すために必要なわけですから。原発が必要だという人は、経済成長を維持しなきゃいけないという考え方なんでしょうけど、「経済成長を維持したい」という考え方自体がすでに破綻している。

箭内：その経済成長の維持にひと役買っていた広

自虐の必要性というかね、いったん自分の無力さや、やっていることの難しさを、きちんとからだに入れたあとで誇りを持ち直すっていうか。そういうことがいま必要な気がしますね。
(箭内)

告も、ある意味、破綻したと？

天野：はっきり言って僕は破綻していると思います。

箭内：うーん、これはいまドキドキしてる人が相当いると思いますよ。でも、逆にそのことをこの会報(『ACCtion！』)に載せてですね、破綻した先に広告の新しい50年をどう作っていくかを考えることが、いますごく必要なことではありますよね。

天野：そうなんです。広告は別に大量生産・大量消費の歯車を回すために生まれたわけじゃなく、何百年も昔から存在するもので、資本主義社会が生まれる以前からあるものですから。だから広告そのものは必要なんです。だけど、広告が売るものが違ってきてる。極端に言えば、成長なき社会の生活スタイルを売るところに切り替えていかなきゃいけない。それがどういうことなのかが非常に見えづらくて、

いま広告を作ってらっしゃる方は苦労してるんだと思いますね。

箭内：ちょっと話ズレちゃうかもしれないんですけど、あるミュージシャンに聞いた話で、昔は子どもたちに未来の絵を描かせると、銀色で描く子が多かったそうなんです。でも、いまの子どもは圧倒的に緑色らしくて……。

天野：クルマのCMを見てると、そういう表れもあります。60年代なんてスピードと豪華さをね、これでもかこれでもかっていうことでやってたわけで。

箭内：外国人が出てみたいな？

天野：うん、海岸なんかにピカピカなクルマが置いてあってね。そこまでどうやって走ってきたのかわからないくらい、タイヤにも土ひとつ付いてない。で、美女が立ってる(笑)。

箭内：なぜか髪がブロンドなんですよね。

天野：そうそう。そういうのが、最近までの基本的なクルマのCMだったんですね。フォルクスワーゲンみたいにそれを逆手に取る広告もあったけど。でも、最近のクルマの広告は、ほとんど経済性でしょう？ ガソリンをあんまり食わないとか、エコだとか。そういう意味では、クルマの広告がいち早く対応してる感じはします。いつの時代も広告が商品についてしっかり語るということは基本的に変わらないと思うんですが、まず商品そのものが変わっていかないといけない。だから広告を作っている人たちは、単に商品を広告するだけじゃなく、メーカーの人たちと一緒にどういう商品が必要なのかも考えていかないといけない時代になったんじゃないですかね。

箭内：そのときに隠居の感覚が必要になる気がします。自分たちが何をどんなふうに広告するのか？

ということに責任が問われる時代になってますから。そのときみんなが、広告の仕事をライフワークだと思えたら時代との接点を見つけやすいんでしょうけど、「ただお金をもうけるため」や「成長するため」が優先されてしまうと、「このラーメンおいしくないけど、おいしいってやっぱ言わなきゃいけないんじゃ？」みたいなことになってしまう。だけど、それじゃもう立ち行かない感じはありますよね？

天野：心あるメーカーさんはそういうことがわかってきていると思いますけどね。パナソニックの「スマート」という言葉に言い表されているように、贅沢ではなく賢さを売ろうと。あと、近所の家の郵便ポストに、商品の説明書をぎゅうぎゅう押し込んでるキンチョーのCMなんて（タンスにゴンゴン「回覧板」篇）、いまの広告そのものの姿を描いてますよね？ 人の家にズカズカ上がり込み、いりもしないものを押し込もうとしている様を描いて、自分で自分を笑ってる。そういう自己批評が出発点にはなりますね。

箭内：なんて言うんですかね？ 自虐の必要性というかね、いったん自分の無力さや、やっていることの難しさを、きちんとからだに入れたあとで誇りを持ち直すっていうか。そういうことがいま必要な気がしますね。今日は天野さんにもうひとつ聞きたい話があって、いま「批評」という言葉がありましたけど、「広告批評」っていう言葉自体が僕はすごい好きなんです。で、『広告批評』のない社会じゃないですか、いま。でも、広告を作る人たちって、自分を含めて思うんですけどみんな寂しがり屋で、だれかに褒めてもらうとか、注意してもらうとか、背中を押してもらうってことが本当に必要でね。ACCのCMフェスティバルもそんな役目をしてると思うんですよ。だから、『広告批評』の役割は非常に大きかったんですけど、それを広告界が失いましたよね。そこのあたりってどうですか？

天野：どんな分野でも批評が成立していない分野は不幸なんですね。映画にせよ文芸にせよ演劇にせよ、あらゆる文化領域には批評があって、批評する側と作る側が本当によい形で結び付いて、よい歩みをしていくのが理想なんですけどね。広告にもそれがあっていいと思って僕は始めたし、多少はお役に立てたかと思っているんだけど。

箭内：いまは個々人が、たぶん自分の中に批評性を持たなきゃいけないんでしょうね。でも、天野さんみたいに、これだけみんなから嫌われなかった批評家って珍しいなと思うんです。で、僕らがこれから批評性を身に付けていこうというときに、それはすごいヒントになると思っていて、今日は批評のコツっていうか、そのあたりをうかがってみたくて。

天野：僕が広告を批評するスタンスは淀川長治さんなんですよ。僕、淀川さんがすごく好きで尊敬してましたし、『広告批評』にもずーっと連載してもらってたんですけど、淀川さんは映画をけなさないんですね。褒めるんです。映画に対する愛があの人を支えているから、映画って本当にステキなものだと思っていて、その愛情でいい映画の面白さをみんなにもわかってもらえるように、言ってみれば布教をしてたわけ。あるとき「淀川さんは嫌いな映画ないんですか？」って聞いたら、「いやあ、いっぱいありますよ」って言う（笑）。「じゃあ、そういうときはどうするんですか？」って言うと、「そういうところは批評しないのよ」って。どんな映画にも必ずいいところがあるんで、とりあえずそこを褒めるそうなんです。「ここは素晴らしいね」って。そうすることで、あとは大したことないねというニュアンスを出せばいいんだと。つまり、どんなにつまらなそうに見えるものでも、必ずいいところがありますから、そこを見つけて褒めることで、作った人が「ああ、こういうところはいいと思ってもらえるんだ」というふうに気付けば、その部分がもっと拡大してよくなっていくんじゃないかっていう。そういう批評家だったんですね、あの人は。で、僕もそうありたいと思ったんですよ。微力ながら役に立ってあげたい。その意味では批評は、読者じゃなく制作者に向けたものなんです。ブロードウェイのミュージカルでも、演出家や関係者は舞台初日の翌朝の朝刊を寝ないで待ってるって言うじゃないですか。つまり、制作者に対してアドバイスするのが、もともと批評の原則なんです。読者はそのアドバイスを横から聞く。そういう関係だと思うから、作ってる人に面と向かって「つまんねえなあ」と言うんじゃなく、「ここよかったねえ」っていうふうに褒めるのがマナーだし、それが作っている人に少しでも役に立つ言い方じゃないかなと僕はずっと思ってますね。ただ、よっぽどひどくてね、これはもう刺し違えてもやっつけなきゃいけないっていうものもたまにはあったりするじゃないですか。そういうときにはちゃんと言いますけど、よほど覚悟して言わないといけないなと思ってる。

箭内：いまおっしゃったことって批評のみならずね、コミュニケーションの基本でもあると思うんですよね。いまはソーシャルメディアの中での悪意だったりとかもあるわけで……。

天野：初めはね、「広告が批評できるのか？」なんて言われましたね。広告は批評の対象にはならないと。広告はメーカーがお金を出して作らせているわけで、そんなものを批評するのはおかしいんじゃないかと。でも、僕はそうじゃないと思ったんです。メーカーがお金を出すからと言って、広告制作の方たちが、「はいはい」と言われた通りにやってるのかっていったらそうじゃなくて、言ってることを噛みしめて、自分なりの言葉に変えて表現してるんだから、それは批評の対象になる。浮世絵だって大半がスポンサードアートですよね？ だから広告も批評の対象になると僕は言い続けてきたつもりなんですけど。

箭内：うーん、それにしてもなんなんでしょうね？ 広告って。広告業界の中では「作品」という言い方をすることがありますけど、僕は若い頃、そこにちょっと抵抗があったんですよね。さっきのお話と絡めて言うと、「企業からお金をもらって作っているものを、クリエイターの作品なんて呼ぶのは間違ってる。広告はクライアントと二人三脚で作るものだ」とずっと思ってました。でも、あるときから「作品と呼ばないことは逃げなんじゃないかな？」とも思うようになったんです。そう呼んで胸を張れるくらいじゃないと、自分が作っているものに責任が持

年とるって体験はね、年とらないとできませんから（笑）。
それは毎日新しい発見や体験がありますよ。
（天野）

てないんじゃないかと。5年くらい前に自分の中で大きな転換がありましたね。

天野：厳密に言うと作品とは言えないでしょうね。広告は純粋なアートじゃない。ジャーナリズムだと僕は思ってるんです。世の中の様々な商品に対する批評的表現じゃないかと。例えば箭内さんがどうやって広告を作っているかを想像すると、商品が発売されることをひとつの“事件”と見立てて、それをお知らせしてるんじゃないかと思う。ただ、そのときに単にお知らせするだけじゃなく、その事件に対する箭内さんの解釈とか、芸が加わりますよね？

箭内：ビックリしたり、グッときたりしてほしいですからね。

天野：うん、そこに表現という形で商品批評が宿るのであって、ここが僕は広告のすごく面白いところだと思う。広告クリエイターはジャーナリストですが、ジャーナリズムにも芸が必要なんです。新聞の起源は19世紀にイギリスで盛んだった辻売りのビラだという説があるんですけど、あれなんかは事件が起きると、そのことを歌にして歌いながらビラを売るんですよ。それがものすごくオーバーでセンセーショナルだったりするんですが（笑）、まあ芸があったんですよね。ところが近代主義が定着して以降は、「5W1H」なんていって、ただ正確に伝えればいいんだという新聞記事のスタイルができた。日本でも明治時代の新聞なんかはまだオーバーで嘘が半分入り交じったような書き方をしてたんですが、そういうのはいけない、事実を簡潔簡明に書くのがジャーナリズムのあり方だということになってしまった。でも広告は、それじゃあ務まらない。ジャーナリズム“プラス芸”みたいなものを持ってるところがミソなんでね、そこの表現としての作品性があるということは言えるんじゃないでしょうか。

箭内：なるほどー。じゃあ、芸が必要だって部分も含めて、これ読んでる人たちが日々の鍛錬をするために必要なことってなんなんでしょう？

天野：世の中のあれこれに野次馬的な関心を持つことでしょうね。なんでも「くだらん！」って言ってたら、世の中に面白いことなんかないわけでしょう？ さっきの淀川長治さんの話ともつながりますが、くだらないことの中にも面白いところを見つけて面白がっちゃう。そういう感性がないと。箭内さんなんてその点、野次馬精神をすごくお持ちなんじゃないですか。

箭内：ありますね、野次馬精神（笑）。

天野：何かあると一番先頭に立ってね、事件の現場に走っていく。で、後ろからついてくる人たちに、「これ面白いぜ！」なんて少し誇張して知らせるのが野次馬の役目だとすると、広告制作者にはそういった好奇心みたいなことが必要ですよね？ いい仕事をしているクリエイターの人たちに話を聞くと、みんなよくコンサートは行ってるわ、芝居や映画は観に行ってるわ、本は読んでるわ、よくそんな暇あるなっていうくらい色んなことに接してる。それは勉強してるというのともまた違って、好きなんでしょう、そういうことが。

箭内：たぶんそれはワクワクしたいんですね。ドキドキしたいっていうか。

天野：うん、要は“面白がりたがり”なんだと思うんです。だからモノゴトを面白がるセンスがないと難しいのかもしれない。

箭内：でも、面白がることを許されてたり、面白がって給料をもらえるという意味では、こんな道楽みたいな仕事ないですよね。

面白がることを許されてたり、
面白がって給料をもらえるという意味では、
こんな道楽みたいな仕事ないですよね。

（箭内）

天野：そうですよ。だから、これからの広告はいままでとは違うやり方が必要なんだってことになったら、「それはどんなこと？」っていうふうに面白がって、広告の第2ラウンドのスタイルを真っ先に探そうとする精神が必要なんじゃないですかね。

箭内：「これからこうなっていくよ！」みたいな？

天野：ええ、時代の先を予見する。その意味で『広告批評』がちょっと独特だったと自分で思うのは、広告が批評的表現であるとすると、批評的表現をまた批評してたわけで（笑）。

箭内：そのぶん相性もいいんでしょうね。無限ループの楽しみ方ができるっていうか。

天野：「このデザインの線がキレイ」だとか「コピーがテクニック的にうまい」といった批評じゃなく、広告が持っている批評性とひとつながりなものとして広告を批評しようと思ったのは、僕らが初めてかもしれない。

箭内：天野さんがおっしゃるジャーナリズム性は、すべての広告で成立することですよね？ 大手の広告代理店の一部の人たちの仕事だけってことではなく。

天野：もちろんそうだと思います。どんなところにいても面白がることはできる。いま『置かれた場所で咲きなさい』（渡辺和子）って本が売れてますけど、あの言葉はなかなかうまいこと言ったなと思いますね。「オレはこんなとこにいるもんだから面白い広告が作れない」とか「いいスポンサーに出会えない」とか言っているのは、やっぱり違うんじゃないでしょうか。このあいだ大貫卓也さんとお話ししたんですが、彼が言うには、自分はサントリーや資生堂のような花形スポンサーの仕事に憧れていたのに、入社したらとしまえんの担当になってしまったと。当時としまえんはアートディレクターにとってそんなに目立つ仕事先ではなかったけど、「面白がっちゃうしかないな」と思ってやっていたというようなことをおっしゃってましたね。こういう話はいろいろあって、葛西薫さんは若い頃に作ったスーパーのチラシの大きい見出しの文字を、活字でやればいいのにあえて手書きでやったそうです。面白がろうとするってそういうことで、自分が置かれた場所で花を咲かすというのも、そういうことだと思う。

箭内：なるほど。

天野：そう言えば、昔ヤング・アンド・ルビカムという広告会社の広告にこういうのがありました。1本の釘が大写しで写ってるだけの画面でね、面白くもなんともないビジュアルなんだけど、「ここの部分がネジ式で一回打つと抜けない」とか、「ここが合金製で途中で曲がってしまうことがない」なんて特徴がこまごまと書き込んである。で、キャッチフレーズが、「つまらない商品はない。つまらないやり方があるだけだ」。

箭内：いいコピーですね。

天野：つまり、そういうことですよね。つまらない商品なんてないんだと考えないと。

箭内：ただ、さっきおっしゃっていた話で言うと、商品との付き合い方の部分が変わっていくわけですよね？ ライフスタイルも含めて。「それがこれからどうなっていくか？」は僕ら無視できないところなので、気になるんですが。

天野：『広告批評』がもし続いていたら、一番やりたいのはそこのところですね。最近『「分かち合い」の経済学』（神野直彦）とか『経済成長なき社会発展は可能か？』（ラトゥーシュ・セルジュ）といった本が出てて、そういうのを読んでると経済成長がなくても、僕たちはそれほどド貧乏になるわけでもなく、結構楽しく暮らせるんじゃないかと思うんですけどね。ただ難しいんだな、学者の人は言うことが。だからそういうのを『広告批評』なんかで面白く特集して、作ってる人たちの参考になるようにやれたらいいだろうなとは思うんですけどね。まあ、広告関係の雑誌はたくさんあるわけだから、どこかでそういうことをやってくれるといいんじゃないかとは思います。

箭内：それは天野さんじゃないと作れないから、ちょっともうひと頑張りしてほしいですよね。

天野：いや、もう歩いてて足元がフラフラしてますから（笑）。やっぱり年って怖いですねえ。

箭内：でも、フラフラするのも楽しめるでしょう？

天野：いやいやいや（笑）。

箭内：そこに対して野次馬でいられるじゃないですか。

天野：それはありますよね。年とるって体験はね、年とらないとできませんから（笑）。それは毎日新しい発見や体験がありますよ。「あ、こうなっちゃうんだ」とかね。それはまあ面白いといえば面白い。

箭内：それも捉え方次第で、面白がれる人と悲しむ人の両方いそうですね。釘の使い方と一緒で。

天野：僕はおっちょこちょいだから、どんなことでも面白がっちゃおうっていうところはありますけどね。

箭内：いいですね、おっちょこちょい。僕、「おっちょこちょい」っていう言葉が昔から好きなんですけど、天野さんとおっちょこちょいってなんか似合うというか、チャーミングな感じがします（笑）。

天野祐吉（あまの・ゆうきち）
編集者、コラムニスト、童話作家

1933年生まれ。創元社、博報堂などを経てプロダクション「マドラ」の設立に参加。1979年4月、雑誌『広告批評』創刊。広告を単なる宣伝ではなく「表現」として位置づけ、日本における新たな批評ジャンルを確立。マスコミを対象にした評論活動も行う。2009年同誌休刊後、「天野祐吉作業室」を設立。各界のご隠居と自由闊達なおしゃべりを繰り広げる『隠居大学』がNHK『ラジオ深夜便』で人気を集めた。死去。著書に『広告論講義』（岩波書店）、『天野祐吉のことばの原っぱ』（まどか出版）、『成長から成熟へ さよなら経済大国』（集英社新書）、『天野祐吉のCM天気図　傑作選　経済大国から「別品」の国へ』（朝日新聞出版）などがある。天野祐吉さんは、『広告ロックンローラーズ』のインタビュー後、2013年10月20日に永眠されました。生前は、幅広いメディアにおける批評・論評活動を通じ、広告・メディア界の発展に貢献されました。

月刊『広告』
博報堂にて編集長を務める。

1961年

絵本『くじらのだいすけ』
福音館書店より発行した初の絵本。
童話作家となる。

1967年

『広告批評』創刊号
初代編集長を務める。

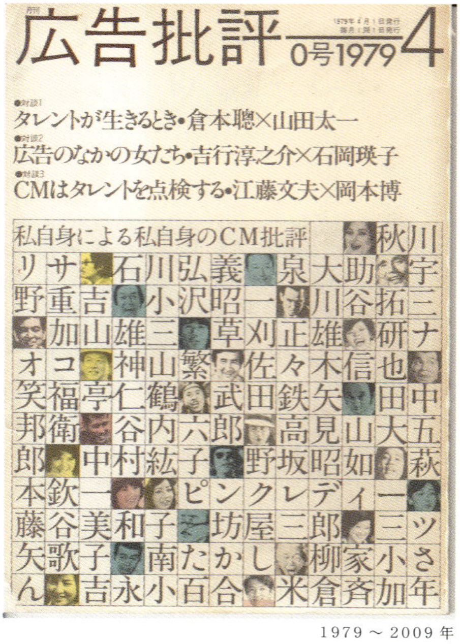

1979～2009年

「広告学校」
1982年11月に開校。
2008年11月まで、全50期で終了。

1982～2008年

『私のCMウオッチング』
1984年に朝日新聞で連載開始。

1984～1990年

『天野祐吉のCM天気図』
朝日新聞で連載。
2013年10月まで休載なし。

1990～2013年

「夜中の学校」
1991年7月に開校し、1992年9月までテレビ東京の深夜枠で放送。

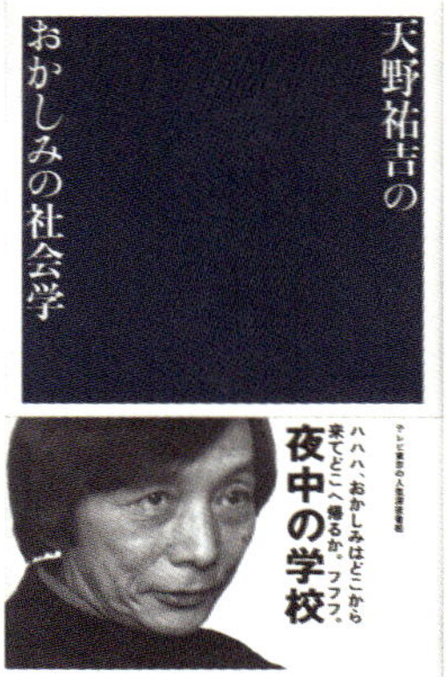

1991～1992年

『筑紫哲也 NEWS23』
「今年のCMベスト10」に出演。

『報道ステーション』
コメンテーターとして出演。

松山市立子規記念博物館館長
2002 年に就任。2007 年からは名誉館長。

2002 年～

『クリエイターズ・トーク』
2011 年 1 月から 2012 年 1 月まで 1 年間、東京大学の福武ホールで開催。

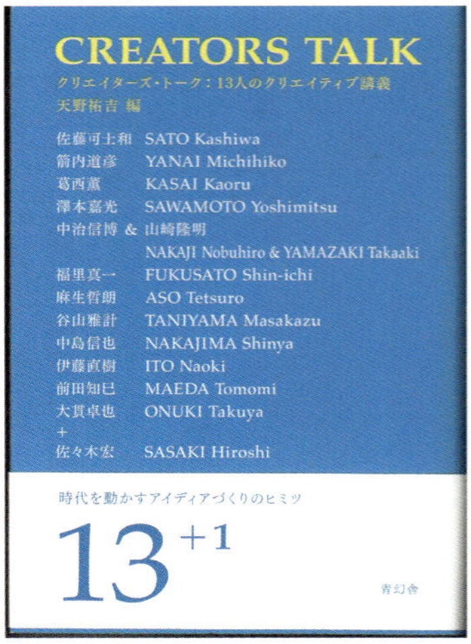

2011 ～ 2012 年

NHK ラジオ深夜便「隠居大学」
2010年開校、2013年まで4年間。自称「隠居大学学長」。
その他にも、「日本語なるほど塾」「人間大学」などNHKで複数の番組を持った。

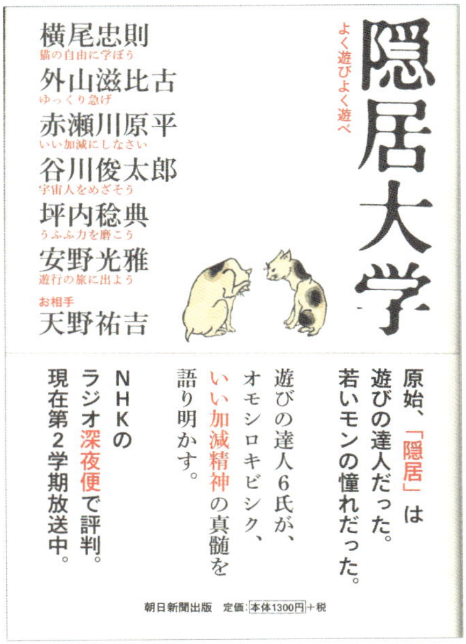

2010～2013年

『成長から成熟へ
さよなら経済大国』
最後の遺作となった書籍。集英社発行。

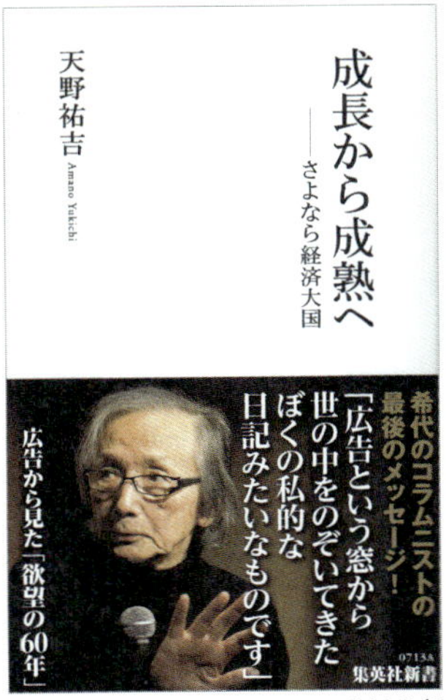

2013年

広告ロックンローラーズ

副田 高行

箭内：この連載のゲストでたぶん最年少なんですよね、副田さんが。

副田：最年少!?

箭内：ええ、いままでの最年少は葛西薫さんだったと思うんですけど…同い年くらいですよね？

副田：ほぼ同じですね。同級生ですから。

箭内：やっぱり。

副田：ADC（東京アートディレクターズクラブ）みたいですね、まるで（笑）。僕、ADCに行くと若者になっちゃうんだけど。

箭内：そうなんですか？

副田：永井（一正）先生みたいに80歳超えてる方もいらっしゃいますから。それにしても、この連載タイトルがいいなと思って。ロックンロールってことで言うと、僕らはビートルズで人生を広げてもらったというか、中学の終わり頃にビートルズが来て、それでロックに開眼した世代ですから。だけどロックと言ってもそうとう偏っていて、今日もニール・ヤングをクルマの中で聴きながらここに来たんですけど、ライ・クーダーとかジャクソン・ブラウンとかボブ・ディランなんかが好きなんです。ウエストコーストの気持ちいい風が吹いてる、みたいな音楽が。

箭内：いまそのお話を聞いて、副田さんの作るものにすごく合点がいった気がします。なんかニール・ヤングな感じがするというか。

副田：それは最大の賛辞ですね（笑）。そういう話で言うと、僕は例えばスティングを聴くと「葛西さんっぽいな」と思うわけ。でも、スティングはあまりにもソフィスティケートされすぎてる気がして僕には真似できなくて、ニール・ヤングとかボブ・ディランとかね、そういう人たちからの影響が自分の仕事の中にないわけはないなあって気はします。そう言えば、いまでも現役でやってるんですね、ニール・ヤングは。

箭内：なるほど。音楽のスタイルだけじゃなく、いまも現役というあり方も含めてですね、やっぱ広告界のニール・ヤングなんじゃないですか、副田さんは？

副田：そんなこと言われるのは初めてですけど（笑）。でも、広告のアートディレクターということでいうと、フリーランスみたいな形で続けてる人の中では、たぶん僕が最年長なんですよね。広告ってシビアじゃないですか？ すぐ使い捨てられちゃうようなところがあって……。でもボブ・ディランは71歳ですよ？ 僕より8つ上だし、ニール・ヤングも5つ上。「アイツらやってんじゃん」って思うとね。

箭内：副田さんは作品集（『SOEDA DESIGN FACTORY THEREAFTER』）を出されたばかりなので、あれを読めばだいたいわかると思うんですけど、僕、今日ぜひ聞きたかったことがひとつあって。

副田：なんですか？ 質問してくだされば。

箭内：トヨタのお仕事（「ReBORN」）やってらっしゃいますけど、僕、いまのシリーズに出てるピンクのクラウンが欲しいんです（笑）。

副田：あはははは。あの仕事はね、箭内さんもよくご存知だと思うけど、佐々木宏さんっていうアレキサンダー大王みたいな広告マンがいて、彼との仕事なんです。このクラウンの前の、信長と秀吉が蘇るReBORNシリーズからやってるんですけど。

箭内：あのピンクのクラウン、品があってロックな

初めてなんだけど、
お互いロックを愛する同志って感じがあって。
初めてとは思えない。

（副田）

感じしますよね。ああいうの乗り回したいなあってすごい思ったんですけど、どういう流れでああなったんですか。

副田：最初はね、佐々木さんから話があって「副田さん、今度はクラウンなんですけど、ピンクってどうですかね？」って言うんです。「それくらいで見せないと、世の中見てくれないんじゃないですか」と。で、僕もそれはいけると思った。昔、ピンクのキャデラックがあって、確かジョン・レノンや加藤和彦さんも乗ってたと思うんだけど、僕の中ではそれに近いイメージでね。その段階では佐々木さんも半分冗談みたいな感じだったらしいけど、僕がラフを作ってみんなに見せたら、「おおー、いい！ これならピンクかっこいい！」ってなって、クライアントの反応もよかったんですよね。広告でアイキャッチャーとしてのピンク・クラウンでもいいと思っていたんですけど。その後のやりとりの中で、「広告で使った以上、欲しいと言う人がたぶん出るだろう」という話になって、商品化することになったんです。僕、工場にも行って、アートディレクターとしてピンク色のチェックもしてるんですよ。

箭内：「ピンク」っていう概念やイメージが採用されたんじゃなくて、鮮やかに形にしてみせた瞬間にみんながいけると思ったっていうのは、アートディレクションによるブレークスルーの醍醐味みたいなものを感じますよね。同じピンクでも、色味がちょっと違うだけで下品になったりカワイくなくなってしまうわけですから。

副田：そうそう、最初はみんな、そこを危惧してたみたいなんだよね。クラウンと言えば、トヨタの最高級車ですから。

箭内：うーん、だけど、いまのお話みたいに「最新作が代表作になる」って一番重要なことじゃないですか。「昔、副田さんってアートディレクターがいてさあ、いい広告作ってたんだよね、あの人」っていうんじゃないわけですから。なんなんですかね、そのコツって。

副田：なんでしょうね？ いまだにガキだからじゃないですかね。実は僕、昔はヘタウマだったんですよ。ヘタウマでデビューしたっていうか。サン・アドに入った頃には、「カッコつけたデザインや広告は、もう人の心に入っていきにくいんじゃないか？」なんて思ってましたから。「ヘタウマ」っていうのは、湯村輝彦さんが提唱してたんですけど、湯村さんは僕よりちょっと年上で、もろ影響受けたのね。それまでデザインの世界にヘタウマはいなくて、すごいヤンチャなことをやっていたんです。箭内さんの仕事に、さいとうたかを『ゴルゴ13』のイラストを使ったL’Arc-en-Cielの新聞広告があったけど、あれに近いものがあったかも（笑）。

箭内：懐かしいですね（笑）。もう13年前の話ですよ、それ。あの……実は僕、副田さんとちゃんとお話しするの今日初めてなんですけど。

副田：初めてなんだけど、お互いロックを愛する同志って感じがあって。初めてとは思えない。

箭内：でも、まるで接点がなかったわけじゃなくて。

副田：そう、まだ博報堂にいた頃から、知ってはいたのね。でも、会ったことはなかった。そしたら僕の娘がですね、まだ中学か高校生の頃で、L’Arc-en-Cielのファンだったんです。普段は僕を頼ってこない子なんですけど、ある日「お父さんは広告の仕事してんでしょ？」とか言うわけ。なんだろうと思って聞いてみると、色んなアーティストが出てるタワーレコードの「NO MUSIC, NO LIFE.」のシリーズがあって、ラルクのもあるんだけど、そのポ

「自分がいつまでものを作り続けられるか？」っていうのは、誰しも気になるところでしょうし。
（箭内）

スターは広告だから手に入らないと。で、「なんとかしてよ。一応、偉そうにしてるんでしょ？」みたいな（笑）。

箭内：あはははは。

副田：そう言われて、「ん？ 箭内道彦。名前は知っているけど、写真を見ると金髪だしコワそうだし」って思ったんですね（笑）。でも、まあ一応ね、当時は箭内さんの肩書きがアートディレクターということで。

箭内：そうですね。

副田：で、僕もアートディレクターだから、向こうもたぶん知ってくれてるだろうと思って、年賀状を出してみたんです。そこに「うちの娘がラルクのファンで、タワーレコードのポスター欲しがってるんですけど、1枚余ってたらいただけますか？」みたいなことを書き添えて。そしたら全然なしのつぶてだったわけ（笑）。

箭内：そうでしたっけ？

副田：うん、それで最初ショックだったのね。「僕のことたぶん好きじゃないんだ」なんて思って。そしたら1カ月くらい経って、ある日僕が事務所に帰ったら、スタッフが「箭内さんっていう方がポスターを持って来てくれました」って言うんですよ。しかもポスターだけじゃなくて色んなグッズも一緒に。アポなしで来て、僕がいない間に置いていってくれたんです。だから、そのときには会えなかったんだけど、想像してくださいよ、それを娘に渡したときの僕の自慢げな顔！ ようやく娘に父の偉大さを伝えられたみたいな（笑）。

箭内：よかったです、お役に立てて（笑）。

副田：そう、実際はこういう人だったの。コワい人じゃなくて。そのあと、シンガタでたぶん初めて会ったんですけど、そのときにはすごく親切で優しい人っていう印象になっていたんですけど。

箭内：思い出しました。僕も副田さんコワいと勝手に思ってたんで、いないときに置いて帰ろうって思ってたんです（笑）。ところで、副田さん、ちょっと真面目な話になっちゃいますけど、さっきの「ヘタウマ」の話の絡みで言うと、カッコつけた自分の作家性をあえて持たないんだっていうね、それはやっぱりなかなか言えることじゃないと思うんです。「作家性を持たない」ってことを言い訳にするんじゃなく、そのことが新しい作家性に昇華されてるっていうのがすごいと思ったんですけど。

副田：まあ、僕の場合、サン・アドで仲畑貴志さんという巨人と出会ってしまったのも大きいですよね。サン・アドを辞めたあとも11年くらい仲畑広告でやっていたんですけど、仲畑さんがすごいコピ一書いてくれちゃうから、どうデザインすればいいかという部分は、もうホント趣味みたいな感じでやれたというか、まあ楽だったんです。例えば「ベンザエースを買ってください」っていうコピーを仲畑さんからもらったときに、どうデザインしよう？って考えたかというと、タレントがキョンキョン（小泉今日子）だったので、もうビジュアルは「彼女の顔の切り抜きでいいや」ってことですよ。あとは字が大きく入っていたら、それが一番強い広告になるだろうと。僕より前のアートディレクターだったら、そんなことやるとアートディレクターの負けだと思われかねない。でも、僕はそうじゃないと思っていて、コピーだけで届くのであれば、それを最大限生かすのが一番カッコいいデザインだと思ったんです。糸井重里さんとの仕事もそうだけど、あの天才二人と仕事するときに、いわゆるアートディレクターの美意識で対抗しようなんて思うと負けちゃうから、そこは発想を変えたんですよね。あ、今日ってグラフィックの話しててていいのかな？

箭内：もちろんです。「広告ロックンローラーズ」ですから。

副田：うん、広告なんでね。広告は当然、自己表現の場じゃなくて、企業の商品を売ったりイメージを上げたりするものだから、「この広告では何を伝えるのが一番いいか？」を考えて、それをデザインするっていうか。まあ、匿名性っていうのは僕が広告の仕事をやっていく中で身に付けたことで、僕らしさではなく仕事で主張することができたらカッコいいなあと思うんですよね。もちろん、おのずと自分が出ちゃう部分はしようがない。僕でも好きな色と嫌いな色があるし、文字でもね、嫌いな書体は使いたくないとか。だけど、さっきも言ったように、広告ってなかなかシビアですからね。僕の先輩アートディレクターたちの姿を見ても、年齢に関係なく

続けられるのは、田中一光さんや福田繁雄さん、永井一正さんみたいなグラフィックデザインの巨匠なんです。つまり作家ですね。広告のアートディレクターって、なんとなくね、50歳ぐらいでフェードアウトしちゃう人が多いわけ。

箭内：そうかもしれませんね。広告を卒業して大先生になってしまったり？

副田：うん、それもあるし、要するに広告の仕事がなくなっちゃうんですよね。フリーの人たちは特に。だから僕、昔から「50歳定年説」って思ってたんだけど。

箭内：でも副田さんは、消えてないし、古くなってないじゃないですか。だから今日は読んでいる方に、消えないコツを伝えたいなって思ったんですけど。「自分がいつまでものを作り続けられるか？」っていうのは、誰しも気になるところでしょうし。

副田：うーん、運よく仕事に恵まれたということなんじゃないかと。仲畑さんのところを出てフリーになったのが45歳くらいのときなんですけど、当時はやれてあと5年くらいだと思ってたんですよ。それまで仲畑貴志という巨木の元でホント楽だったから、「副田というヤツはどの程度のものだったのか？ 仲畑さんから離れたらどうなんだ？」と最後の5年ぐらいトライするつもりで出たんですけど、半分隠遁するみたいな気持ちもあってね。だから事務所も青山みたいなデザインオフィスのメッカじゃなく、南麻布のすごい静かなところで探して、「有栖川宮公園で本読んだら気持ちいいだろうな」とか、そんなイメージだったんです。それまで仲畑さんに来ていた仕事をやっていたわけだから、仕事もそんなには来ないだろうと思って。そしたら、これも運なんだけど佐々木宏さんがね、一応僕のファンだったんですよ。実は、仲畑広告時代にも何回かアプローチを受けたことはあったんです。「コンペに参加してくれませんか？」みたいなオファーをいただいたり。でも、最初は冷たくしてたというか、会社は違うし忙しいのもあったしで「ちょっとできません」って断ってたんだけど、あるときTCC賞のトロフィーをリニューアルする仕事でご一緒して。そのときにね、僕がいくつかアイデアを出したら、彼は熊の案がいいって言ったんだけど、それは僕も一番いいと思ってたもので、いまの鉛筆抱えてるテディベアのトロフィーができたんですね。で、この人とは合うなあと。そしたらものすごい偶然なんですけど、僕が仲畑さんのところを辞めるって決めた日の夕方に、佐々木さんから電話がかかってきたんです。「副田さん、トヨタの仕事なんですけどやっぱり無理ですかね？」って。「いや、やれるようになりました」って言うとね、それまで何度か断っていたから「え？ どうして!?」って感じだったんですけど、それがトヨタの「eco-project」をやることにつながっていって。その後も、サントリーの「KONISHIKI」のウイスキーキャンペーンや全日空でも起用してくれて、僕にとってもいい仕事になりました。気が付いたら、あのときからもう17年くらい経ってますね。

箭内：副田さんの作るものというか、アートディレクションが古くならないのはどうしてなんですか？

副田：いまもニール・ヤングとか聴いているからじゃないの（笑）？今日もクルマの中でずっと聴きながら来たんですけどね、ひとりだと大声でハモったりして。古いかどうかは自分では評価できないんだけど、年齢不詳みたいにはよく言われますね。還暦を過ぎてる人の渋い世界じゃないって。まあ、仕事や環境に恵まれてきたってことなのかもしれないけど……。そういえば、前に箭内さんが「広告合気道」でしたっけ？

箭内：ああ、言ってましたね（笑）。

副田：言ってたでしょ？ いいこと言うなあと思って使わせてもらってたんだけど、広告ってほら、クライアントの想いというか、それこそ合気道みたいに人の力を利用するじゃないですか。広告マンってまさしくそうで、環境がそろってないといい広告なんて作れるわけないから。あと、僕のマインドとしては、いまだに仲畑さんとやってた30代の精神年齢のままなのかもしれない。いや、むしろ子どもっぽくなっているかも。精神年齢がガキというかロックなんです（笑）。映画や音楽がいいかどうかって、僕の中では結局ロックかロックじゃないかなんですよ。それはジャンルがどうこういうことじゃなく、自分の心にジーンとくるものがロックなんですよね。

箭内：その基準があり続ければできることなんで

天才すぎると広告を作れない。

（副田）

すね。

副田：うん、カッコいいのを作りたいなあとは思っているんです、基本的に。そのカッコよさの定義は、僕の個性を出すことじゃなく、できたものがカッコいい形にしたいっていうのはありますね。

箭内：そういえば、名は体を表すじゃないですけど、僕、副田さんの名前も面白いなと思ってて、なんか「副《そえ》」感ありません？ 仲畑さんや佐々木宏さんの「副」でいる感じが、古くならなさの秘訣かもしれないなんて思ったんですけど。

副田：たぶんね、それ絶対あると思う。僕、小学校6回変わってるんです。それでいつも転校生だったんだけれど、同級生と友だちになれなくって。なぜかいつも年上の子と遊んでいたんです。自分がリーダーになるんじゃなく、リーダーについて遊ぶというか。そのほうが楽っていうか。仲畑さんとの関係もそうだったし、いま佐々木さんと仕事してても、佐々木さんのほうが年上に思えるわけ（笑）。

箭内：あははははは。

副田：言うこととか存在感が（笑）。まあ写真に写ると僕のほうが老けちゃうんだけど、自分は若いつもりでいるし、「副」でいたいと心では思ってるとこあるかもしれませんね。リーダーのそばにいて茶々を入れる人みたいな。自分が重責を負うの嫌なんです。そういう意味ではまさしく「副田」で……。いやあ、それにしても鋭いよね。いままでそのことを言われたことないけど、自分ではずっとそう思っていたから。

箭内：バンドでもね、ボーカルが……。

副田：あー、ミック・ジャガーじゃなくて？

箭内：そう、キースだっていう感じがしたんですけど、でもソロアルバムを聴いてみたいなっていう感じもあるわけですよ。

副田：ははは。でも、僕は広告作家じゃなくて、普通の広告のプロ、広告の仕事は匿名ですから。それはやっぱり「副」なんですよね。

箭内：広告っていうもの自体が「副」なんですかね？

副田：そうなんです。企業からの手紙を代筆しているようなもので、自分が言いたいことがあるわけじゃない。企業が言いたいことがあるんだから、主体じゃない。それは絶対「副」なんですよね。だから、僕にとって広告作りは天職なのかもしれない。むしろ「副」であることがカッコいいと思っているから。広告は制約があるから面白い。それで僕は当然アーティストではないので、「自由にポスター作ってください」みたいな依頼は基本苦手なんですね。自己表現をしたいわけじゃないから。でも、広告を40年以上やってて、近年思うところは出てきたんですけど……。

箭内：思うところ？ 聞きたいです、それ。

副田：基本的に落ちてると思うんです、広告全体のレベルが。それがちょっと歯がゆいというか、こんなんじゃ広告がダメになっちゃう気がして。僕、テレビは基本的に好きな人間なんだけど、もうあんまり見なくなっちゃいましたもん。番組もつまらないしCMもひどいし。夜早く帰ったときにちょっとテレビつけて、CMが入ったらかえるわけですよ、チャンネルを。ひどいCMは見たくないんです、目が汚れちゃうんで。去年初めてACCの審査をやらせてもらって、行ってみるとまあ面白いCMもあるけど、でも全体で言うとやっぱりレベルが低くて、ものによっては「これでよくお金取ってるなあ」って正直思うんです。“広告ごっこ”みたいな、そういう

人生を広告に直結させる人とさせない人の違いというか。
（箭内）

ものにしか見えなくて。

箭内：うーん、今度の作品集のあとがきでも、そういうこと書いてらっしゃいましたよね？

副田：なんかあれは愚痴っぽくなってしまったというか……ちょっと反省してるんですけど。

箭内：いや、愚痴っぽくないです。ああいうことを言ってくれる人がいま必要なんです。

副田：うーん、もちろん広告には色々な役割があるから、中には馬鹿っぽいのもあってもいいんだけど、もうちょっと大人っぽかったり、ちゃんとしたものがなくっちゃ。世の中一般的に「広告なんて」って思われてるとこあるでしょ？　その意味では、糸井さんや箭内さんが活躍したことの功績は大きいと思うんだけど、それでも世間の人は基本「えっ？　広告作ってるんですか……」みたいな反応じゃないですか。

箭内：胡散臭いともよく言われますね。

副田：ただでさえ企業の言いなりになって作らされている、かわいそうな仕事みたいなイメージがありますからね。だけど、秋山晶さんのキユーピーの広告とか見たらすごいじゃないですか。映画でもないし小説でもないし、もうなんだろうね？　広告を超えたすごい存在感があって、ああいうことをやっている長老がいるのに、一番血気盛んな30代ぐらいでね、大きな代理店にいるのに「なんなの？」っていうのがあるから、つい書いちゃったんです。

箭内：いや、あれを読んで、副田さんが踏み込んだことを言ってくれてるってすごい感じたんです。で、これ読んでる30代の血気盛んな人たちがね、オレにヒントをくれって思ってるかもしれませんよね。「だったらどうすればいいんだ？」って。どうすればいいと思います？

副田：広告でしかできないこと、ほかのジャンルに負けないことを考えることじゃないですか。でも、いまって目標が持ちにくいんですよね。僕らが始めた頃は、資生堂の「ゆれる、まなざし」とか、土屋耕一さんの「なぜ年齢をきくの」（伊勢丹）とか、ああいういい広告が多かったし、それらが目標になったし。広告だけじゃなく、ビートルズにもすごい影響されましたから。入社試験でね、僕、長髪で白いスニーカーを履いて背広で行ったんです。気分はジョン・レノンで（笑）。広告の中でビートルズになりたいと思ったのよ、その頃本気で。

箭内：すげーいいっすね。

副田：いまのアートディレクターやコピーライターにはそういうのがないのかなあ？　と思うんです。映画でも『イージーライダー』とか『ファイブ・イージー・ピーセス』とか、それまでとまったく違う新しい、あのあたりのアメリカンニューシネマにガーンとやられてね、そういうのに負けない広告を作りたいと思いましたから。まあ、といっても広告だからいろんな制約があるんだけど想いだけはね。なにしろいい広告を作るんだ、という強い気持ちが必要。

箭内：切り離しちゃうのかもしれないですね。広告とそれ以外とか、仕事とそれ以外みたいに。なんて言うんですかね？ 人生を広告に直結させる人とさせない人の違いというか。

副田：要するに仕事とどう向き合うかでしょ？ 人生は。まあ人生なんて言うと恥ずかしいけど、寝るとか食べるを除くとほとんどの時間、仕事に向き合うわけだから、自分が面白いと思う仕事を選ばなくちゃいけないと思うんですけどね。そういえば、こんなことがあった。アートディレクターって仕事は、身体を動かすのは撮影ぐらいしかないでしょ？ それってストレス溜まるので、仲畑広告にいた頃から気晴らしに仲間で草野球やったり、年とってきてからはゴルフやったりしてたんです。で、ゴルフだとウィークデーに休んだりするのね。それで仲畑さんが「副田は？」って言うと「今日はお休みです」みたいなことが何度かあって、結構頭にきたのか（笑）、「副田、そんなにゴルフ好きなの？ だったらゴルファーになればいいじゃない」って言うんです。もちろん、プロゴルファーになるのはそんな簡単なことではないし、仲畑さんもわかって言ってるんでしょうけど、それは仕事論として一番わかりやすいっていうか、ホントそうだと思うんですよね。死ぬほどラーメン好きなら、ラーメン屋やればいい。まあ、実際にはその仕事自体が好きでも環境が悪くていい仕事ができない人も多いんです。たまに若いデザイナーの前で話す機会もあるんですけど、チラシのデザインしてる人もいて、そういう仕事がツライって言う。でも、人間一気にすごいことはできなくて、やっぱり目の前の仕事で地道な努力をするしかないのね。だったら最高のチラシを作ったら？って思うんですよ。サン・アド時代の話で言うと、サントリー生樽の仕事とかだと、酒屋さんに配るチラシみたいなものも作ってたのね。すると仲畑さんが張り切るわけ。チラシでもメディアだからいいコピー書こうと思うのよ。すべての仕事がチャンスだから。で、「副田、“特上チラシ”作れ」って言うの。

箭内：特上チラシ（笑）。

副田：うん、酒屋の店主も広告見る人も同じ人なんだぞって。だからメディアとか環境のせいにするなっていうね。目の前の仕事を最高の仕事にすれば、周りの人がほっとかないんですよ。自分で仕事を既定したら、それで人生終わりですよ。僕も最初は苦労しましたから。サン・アドに入るまでは。いい就職先がなくて、高校の先生の友だちのデザイン事務

所へ行って10カ月で辞めたり。横尾忠則さんなんかが活躍してた時代だから、なんかここは違うなと思って。で、いくつか転々としてスタンダード通信社という小さな代理店に入ったんですけど。入社したばかりの若造にいい仕事なんて来ないので、朝日広告賞に応募してグランプリ獲ったんです。すると、「あいつやるんじゃないか？」ってことでいい仕事の声がかかるし、受賞の記事が『コマフォト（コマーシャル・フォト）』に出て、それで仲畑さんから電話がかかってきてサン・アドへの道が拓けたわけで。だから一気には無理なんですよ。

箭内：そうですね。

副田：まずは目の前の仕事で隣のコピーライターが感心するようなことを目指せばいいと思う。一番そばにいる人が納得すれば、その輪は広がっていくから。

箭内：いまの話でも感じたことですけど、やっぱり仕事って人を幸せにするためにあるっていうね。美しかったり、グッときたり、カッコよかったり。そこにアートディレクターの仕事があるって本に書かれてましたね。

副田：うん、僕の考えではロックってそういうものだと思うんですよね。だけど、いまロックな時代じゃないでしょう？そういうときだからこそ逆にロック魂が必要なのかもしれないと思って……。そういえば、野球でピンチヒッターって言葉があるけど、僕、あれはチャンスヒッターじゃないかなって気がするんです。

箭内：あ、僕もそれ思ってました。

副田：そう、ピンチヒッターって守る側の言葉なのね。攻撃側はチャンスなんだから。で、さっきの話に戻ると、「ピンチをチャンスと思えるか？」だけなんじゃないの、きっと。『プロフェッショナル』とか『プロジェクトX』見てて思うのは、だいたい挫折してるのね、成功してる人はみんな。箭内さんだって、いまでこそこうだけど、けっこう売れない時期があって、社内を巡回して面白い仕事を見つけてくるみたいなことやってたんですよね？ クリエイティブパトロールでしたっけ？

箭内：営業パトロールですね（笑）。

副田：僕も芸大を出て資生堂に入ってないじゃない。僕らのちょっと先輩のアートディレクターたちって、石岡瑛子さんとか松永真さんとか、みんな芸大を出て。……あ、箭内さんも芸大でしたよね？

箭内：あ、一応そうなんですけど（笑）。

副田：まあ、資生堂には入ってないから。要するに昔は芸大を出て資生堂に入ったアートディレクターがエリートだったんです。でも僕は高卒でこの世界に入って、それって職業としてのスタートみたいなことでいうとピンチじゃない？ 仲畑さんに出会ってサン・アドに入ったんだけど、それまで10年くらいかかったんだから。

箭内：逆境をチャンスに変えるって発想は重要ですよね。

副田：うん。あと思うのは、やっぱり天才すぎると広告を作れないんじゃないかってこと。あまりにも個人の表現力が強すぎると、普通の市井の人の気持ちを引きつけられないんじゃないかって気がする。普通であればあるほど、広告には向いてると思うんですよね。サン・アドに僕がいた頃、田中裕子さんが出ている「樹氷」（サントリー）のコマーシャルがあって、仲畑さんがコピーを書いてたんだけど、田中さんがたき火に当たりながら芋を焼いてるシーンで、コピーが「なんかふつうがいいですね」だったの。それは仲畑さんのコピーの中ではそんなに有名なものでもないんですけど、僕の中ではその言葉がずっと刺さっていて、ニール・ヤングとかもそういうとこあるじゃないですか？ ものすごく尖ってたりうまかったりはしなくて、なんか普通の感じの良さですよね。でも、そういう感じこそみんなに共感されると思うんです。例えば家電のデザインにしても、あんまり自己主張された形じゃうるさいじゃない？ 昔、事務所を引っ越すときに電話機を探したんですけど、普通にいい佇まいの電話機ってなかなか見つからない。そのときの流行りだったのかもしれないけど、まるっこいヘンな形のものばっかりで、普通にいいものってなかなかないんだなって思ったんです。世の中、自己主張の強いものが多すぎる。だけど、難しいじゃない？ 普通って。普通にいいって。「普通の電話」って言ったところで、なんだろうそれ？ってことになるわけで。ただの普通じゃだめだし。だから僕は普通の極地を追求したいんです。目指しているのは「超・普通」。だから今度の作品集にも「超・普通。副田高行。」ってサブタイトル付けたんです。

箭内：いやー、面白いです。それにしても今日すごいしゃべりますね、副田さん（笑）。

副田：いや、普段はこんなにしゃべらないのよ。箭内さんにアートディレクター同士の共通項を感じるんでしょう。

箭内：僕も普通好きだからだと思います。

副田：普通じゃないよ（笑）。まあロック好きだから、かなりのことがわかってもらえると思ったんですよ。そういえば、僕が働き始めて一番最初に買ったLPはビートルズの『アビイ・ロード』だったの。うちは裕福じゃなかったからステレオがなかったんですけど、社会に出て4畳半のアパート借りて、初めてステレオ買ったんです。『アビイ・ロード』が出たのがちょうどそのタイミングだったんですけど、そのあと彼らすぐ解散しちゃうんだよね。僕はジョン・レノンのファンだったからそのあとの曲も聴いたし、これからだってときに死んじゃったのは残念だけど、やっぱり本当に素晴らしい名作はレノン＝マッカートニーの時代にできてると思うんです。ポールもビートルズ以降は別人みたいな感じがするしね。あの二人のかけ合わせはそれくらいすごいことで、二人が一緒だったから後世にまで残る楽曲が生まれたんだと思いません？ で、何が言いたいかというと、僕はコピーライターとアートディレクターはレノン＝マッカートニーだと思うんですよ。秋山晶さんと細谷巖さんじゃないけど、グラフィック広告の名作見てると、必ずそういう関係ってあるのね。いくらすごいコピー書いてもアートディレクターがダメだったり、相性が合わなかったら全然いいものにならない。相乗作用ですごい化学反応を起こすような関係。CMプランナーだったら演出家とのかけ合わせが大事になってくる。だから若いクリエイターはすぐれた相棒を探さないと。仲畑さんでさえ、それをしてたわけだから。『コマフォト』見て、見ず知らずの若いアートディレクターに電話してきたくらいですから。

箭内：で、独立を決めたその日に佐々木宏さんに拉致されたと（笑）。

副田：運がいいのか悪いのか（笑）。だけど、まずは自分の目の前にいる人がどうやったら幸せな気持ちになれるかを考えることが基本ですよ。そこから色んなことがつながっていくと思うんです。

副田高行（そえだ・たかゆき）
副田デザイン制作所 主宰／アートディレクター

1950年生まれ。東京都立工芸高校デザイン科卒業。スタンダード通信社、サン・アド、仲畑広告制作所を経て、1995年副田デザイン制作所設立。主な仕事に、サントリー「ナマ樽」「モルツ」「ウイスキーKONISHIKIキャンペーン」、九州旅客鉄道、全日本空輸「ニューヨークへ、行こう」、トヨタ「エコ・プロジェクト」「ReBORN」キャンペーン、シャープ液晶テレビ「アクオス」、福井市一乗谷、earth music & ecology。朝日広告賞、東京ADC賞、東京ADC会員賞、TCC特別賞、毎日広告デザイン賞、読売広告大賞、日経広告賞、日本宣伝賞 山名賞など受賞多数。

サントリー　ナマ樽
新聞広告（AD）

1981年

東京ガス 企業広告
「お風呂の日キャンペーン」
新聞広告（AD）

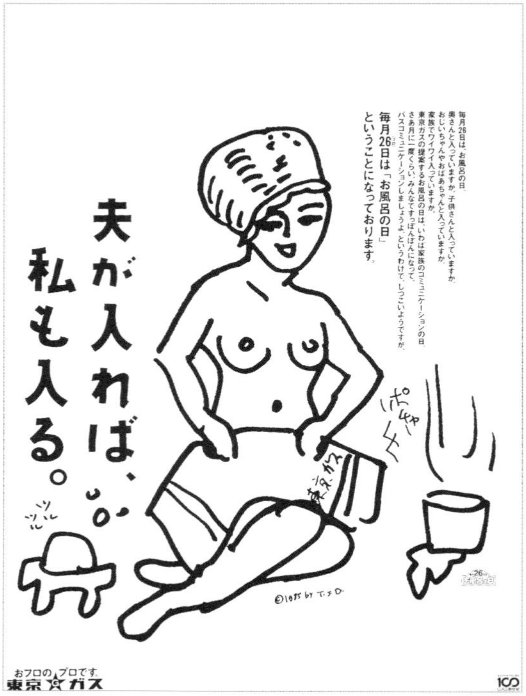

1983年

東京ガス　企業広告
「お風呂の日キャンペーン」
新聞広告（AD）

1988年

岩田屋　企業広告
「想い出の街。」
新聞広告（AD）

1989年

トヨタ自動車　企業広告
エコ・プロジェクト
新聞広告（AD）

1997年

シャープ　液晶ビジョン
ポスター（AD）

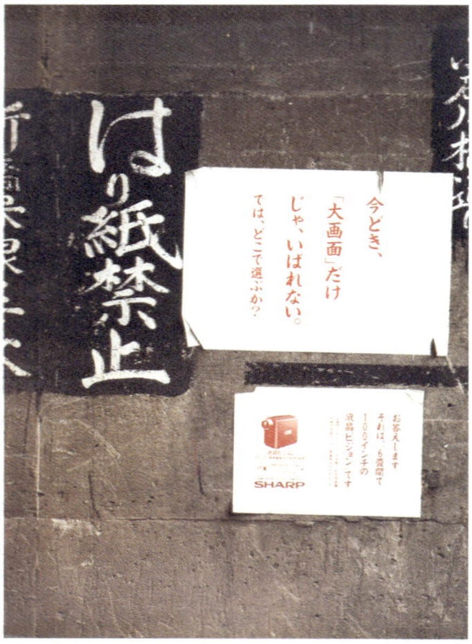

1990 年

サントリー　サントリーオールド
ウイスキー KONISHIKI キャンペーン
新聞広告（AD）

2000 年

シャープ　AQUOS
ポスター（AD）

2006 年

岩波書店
『憲法を変えて戦争へ行こう という
世の中にしないための 18 人の発言』
新聞広告（AD）

およそ5000万人
が死んで、今の日本
国憲法は生まれた。
憲法を
変えて
戦争へ
行こう
という世の中にしない
ための18人の発言

2005 年

トヨタ自動車　クラウン
「ReBORN CROWN」
新聞広告（AD）

権力より、
愛だね。
Re BORN CROWN

2012 年

広告ロックンローラーズ
大島 征夫

なんでみんなそんなに大島さんのことが好きなんですか？
（箭内）

大島：箭内さんとお話できるのが楽しみで、今日はそれで来ました。

箭内：ありがとうございます。毎回、大先輩の方ばかりお招きしてるんですけど、そういう方々のほうが元気だったり、面白かったりするんです。「昔はよかったなあ」みたいな先輩ではなく、いまも楽しそうに仕事をしている人たちというか。

大島：そういうところにオレも入っちゃうんですか？

箭内：あっ、年齢的にはたぶんそうだろうと思ったんですけど……。実はこの連載の最初の頃、小田桐昭さんがゲストで来てくださって、「クリエイティブディレクションってなんだろう？」というお話をしたんですね。そのとき小田桐さんが尊敬するクリエイティブディレクターは大島さんだということをおっしゃっていて、そのすごさを読者に生中継できたら、と思ったんです。

大島：それは恥ずかしい。僕が尊敬するのは小田桐さんですし、小田桐さんに育てられたわけですから。

箭内：いや、電通の何がいいって、大島さんみたいなクリエイティブディレクターを生で見られることだとおっしゃっていて、実際、僕もかけ出しの頃は、大島さんの下についてる人たちがなんか羨ましかったですね。

大島：「あの時代はなんだったんだろう？」って思います。でも、僕たちが入社した頃は先輩がコワくて仕方なかった。コワいかね、ロクでもないかのどっちかだったね（笑）。

箭内：どっちも兼ね備えた人もいるんですよね。

大島：いますね（笑）。でもいま考えると、当時の電通っていうところは独特な空気があったんです。それがね、いまは「なくなった」って若い人がみんな言ってるのが心配ですね。どうしてなんだろ？ 今日はいい機会だから、そのあたりもお話できるといいですね。僕も整理して考えたことはないんですけど。

箭内：ぜひそんなお話を。そういえば、齋藤太郎さん（dof代表取締役社長）が「AdverTimes」に執筆した記事（「その男、クリエーティブ・ディレクター。大島征夫。」）を読んで衝撃的だったんですけど大島さんは銀行のキャッシュカードを人に渡して、暗証番号も教えてお金をおろして来てもらうとか（笑）。まあそれは一エピソードとはいえ、たぶんそういうところも含めて人を惹きつけているのは間違いないと思うんです。

大島：そういう面ばかり強調されているようですけど、全然違うから（笑）。でもね、ある文化の中ではそういったことが当たり前というか、そういう時代があったんです。どう言ったらいいのかな？ 体育会系というのともちょっと違うんだけど、かと言って文化系でもないしね。電通というデカい会社には色んな組織がありますけど、その中で僕らは「クリエイティブ」というクラブ活動みたいな感じだったというか。

箭内：部活？

大島：うん、大ぐくりの「クリエイティブ部」なんです。その中にさらに“アメフト”を選ぶのか“野球”を選ぶのか？ といった選択肢が存在していた。そうしないと気持ちよく生きられないような空気がありましたね。

箭内：クリエイティブは生きづらかったんですか？

大島：箭内さんたちの時代はどうだったかわからないけど、僕がこの仕事を始めたときは、電通も博報堂もいわゆる“広告屋”ですから。で、そこの中心はどうやってもメディアと営業ですよね？ その中で、クリエイティブの人たちの存在価値が会社としても整理できてなかった。「広告業にとってのクリエイティブはどういった形で必要なんだろう？」ということが、総括できてないっていうのかな。そういう時代に僕たちは、一番肝心な時期を過ごしたんです。先輩たちの葛藤もそういうところにあって、クリエイティブは広告ビジネスのある種サービスの部分と思われていたというか。

箭内：おまけ視されているというか……おまけじゃないんですけどね。

大島：でも、そういう環境だと、ある程度生き方が決まってくるんですよね。ひとつの生き方は、それでいいやと思って受け入れちゃう。そして先生として生きるというか。クリエイティブは創作・制作産業と接点があるから、いわゆる文化人的な仕事もあるんです。そこでプライドを満足させることもできた。ところがテレビという媒体がメインになってきてからは、クリエイティブの形がすごく変化して、そういうやり方では成立しなくなった。ちなみに箭内さんはおいくつですか？

箭内：僕は49です。

大島：じゃあ、入社した頃にはすでにテレビがメインだったと思うんですけど、僕らがスタートするちょっと前までは、テレビはまだ異業態でした。媒体の中心は新聞で、ある意味、絵を描いて、言葉を書いてレイアウトすることがクリエイティブだった。ところがテレビという媒体は、もっと大がかりでシステマティックにやらなきゃいけないということで、前時代のやり方が通用しなくなっていくんです。その中でクリエイティブの人たちがどうやって生き残ろうとしたかと言うと、ひとつは手配師になろうという考え方。要するに、クリエイティブのほとんどを外に任せちゃう。それが結構ね、僕たちがスタートする前の主流だったんです。つまり、電通や博報堂のビジネスに携わっている人たちの生き方が様々な形で変化したり、壊れたりしている時代だった。そんな現場を目の当たりにして、「広告のクリエイティブはこうじゃなきゃいけない」という目的意識を持った人が集まり、団結心がどんどん強くなっていったんです。それが小田桐さんの下にいた頃や、昔、大島部と言われていたチームの原点にあるんじゃないかな。僕の最初のパートナーは三浦（武彦）君でしたけど、新入社員だった彼とね、「おかしいよね、おかしいよね」って周囲を見渡しては言い合ってました。三浦君は毎日コンテを描いてましたね。でも、コンテを描く人なんて、電通には当時ほとんどいなかった。

箭内：どこかに仕事を振って進行管理をすることが代理店のクリエイターの仕事だったんですね？

大島：そういうことです。特にアートディレクターが企画に関わることはほとんどなくて、それは三浦君が第１号じゃないかな？

箭内：大島さんたちがそういう状況に対して「おかしいよね」って言ってたのは、クリエイティブは手を動かしたり、企画を考える当事者であるべきだという意思によるものですよね？

大島：それもある。でも僕の場合、もっと大きな理由があったんです。途中でね、営業に行かせてもらったことがあって、オレ営業だったらかなり優秀な営業になってたと思うんだけど（笑）、そのとき色々考えさせられることがあったのね。

箭内：何があったんですか？

大島：広告会社の社員だったら、クリエイティブより営業のほうがメジャーですよね？ それが悔しくて。広告の原動力はクリエイティブなんだという思いがあるんだけど、世間の意識とのギャップを感じたときのその苦さ、というか。

箭内：わかります。

大島：だから僕になにがしかの目的やモチベーションがあるとすれば、そのことだけなんです。はたから見ていると、博報堂の人たちも同じことを考えていたんだろうなと思う。宮崎（晋）さんや安藤（輝彦）さんに対して、ずっとそんなふうなシンパシーを感じてましたから。仲畑貴志さんにせよ糸井重里さんにせよ、その人たち個人の仕事ですよね？ そうじゃなくて電通や博報堂の社員である僕たちは、やっぱり自分のいるところから考えざるをえない。そこが出発点でしたね。その道のりで小田桐さんに出会えたし、佐々木（宏）さんや岡（康道）さんたちの道を拓くことにもつながったのかもしれない。

箭内：家系図みたいになってますよね。小田桐さんがいて大島さんがいて、そこから色んな人が輩出されていったというか、自分のスタイルを見つけていったというか。

大島：広告の真ん中に立つためのスタイルはひとつではないですから。広告全体を引っ張っていくのはクリエイティブなんだという信念を持てたなら、そのときの実現の仕方はひとつじゃないですよね。

箭内：なるほど。あのー、話が変わるかもしれないですけど、なんでみんなそんなに大島さんのことが好きなんですか？ ご自身では言いづらいと思うんですけど。さっきコワい人やロクでもない人が昔はいっぱいいたっておっしゃってたんですけど、そういう人たちのほうが魅力ありますよね？

大島：オレ自身は、コワい人もろくでなしも嫌いなんですよね。自分は絶対そうなりたくないと思ってたから。でも、そう思われちゃってるのかな（笑）？ コワいって言われると「あれ、どして？」って感じがする。

箭内：いや、外から見てるとコワいですよね、大島さん。

大島：そうですかね？

箭内：競合プレゼンで電通チームが終わって帰っていくところに博報堂チームがすれ違うことがあるじゃないですか。その会社のロビーで。で、なんて言うんでしょう？ そのときの大島さんはクライアントに信頼されてる感を全身にまとっているというか、そういうオーラが出てるんです。すごい脅威ですよ。みんなから信頼されていたり好かれている人を、当事者じゃない者たちから見ると。

この年になってなんとなくわかってきたのは、
僕はさびしがり屋なんだよね（笑）。

（大島）

大島：そうだとすればうれしいことだけど、この年になってなんとなくわかってきたのは、僕はさびしがり屋なんだよね（笑）。

箭内：最近わかってきたんですか（笑）？

大島：そう。一人でいるのが大嫌いなんです。とにかくだれかが周りにいないとイヤっていうか。一緒に仕事をしている限りは、クリエイティブだろうが、営業だろうが、マーケだろうが、お得意様であっても、だれでもいい。同じ目標に向かっている限り、その人たちはみんな仲間だから。

箭内：それは大事なことですね。

大島：うん、単につるんでるのが好きな性格なのかもしれないけど（笑）。

箭内：さびしがり屋だっていうのもあるでしょうけど、大島さんが今日も働いているのはなぜですか。やらなきゃいけないことがまだたくさん残っているから？ そもそも68歳のいまも現役として仕事を続けているところからして驚異的だと思うんですけど。

大島：何のために仕事をしているか、なぜ続けられるのか……これは難しい質問ですね。カッコつけてると思われるとイヤなんですけど。

箭内：あ、いいです。そこも前提で教えてください！

大島：僕はどんなコピーでもいいんですよ。

箭内：どんなコピーでもいい？

大島：うん、クリエイティブに対するこだわりがない。こうじゃないといけないというのが全然ないんです。なんとなく好きじゃないなっていうのはあるけど、それもずっと見ていると好きになってくるわけ。だから「大島さんが関わるものって似てますよね」とか「共通のトーンがある」なんて言われると「そうなのかなあ？」って思うくらい。

箭内：いや、ありますよ、トーンは。作っている人たちは違いますよね？ アートディレクターが違ったり、プランナーが違ったり、演出が違ったり。それでも似てくるっていうのは？

大島：それはね、世代的な部分も関わってくると思うんですけど、どう言ったらいいのかな？ 基本的にオレ、“もの好き”なんです。

箭内：“もの好き”？

大島：うん、商品が好きなんです。だからね、幸いなことに嫌いなクライアントに出会ったことがない。嫌いな商品にも本当に出会ったことがなくて、例えばクルマでしょ？ 鉄道でしょ？ あとはお酒と化粧品、つまり女性でしょ？（笑）それは自分がわかる世界なんです。お酒は特にそうですよね。そういうクライアントさんとご一緒できてる限りは、仕事をしててもいいのかなと思います。ホント不思議なんだけど、どのクライアントさんもすごく担当歴が長いんですよね。

箭内：このあとハイボールのキャンペーンのお話もおうかがいしたいと思ってるんですけど、お酒飲みに行くとどんな感じなんですか、大島さん。

大島：もう飲みますよ。どんなお酒でもいい。お店も近所の居酒屋さんから銀座のクラブ、祇園のお茶屋さんまで全部オッケー（笑）。飲んでると本当に楽しくて。ほら、お酒飲むと必ずだれかいるでしょ？ 最初は一人で飲んでるけど、気がつくと6人くらい一緒になったりする。だれかを求めてお酒を飲みに行ってるのかもしれないな。

箭内：さびしがり屋であり、人好きでありっていうことが……。

大島：人好きじゃないと、この商売はできませんから。

箭内：僕らって「新しい仕事」という言葉にすごく弱いじゃないですか。その言葉を聞くと、つい「楽しい結末が待ってるんじゃないか？」なんて思いがちですけど、大島さんはそこへの接し方ってどうなんですか。

大島：うーん、昔から嫌いなんです、新しい仕事って。

箭内：嫌いなんですか（笑）？

大島：ジャストそのときっていう仕事は、僕には向いてないんでしょう。そもそも新しくてカッコいい仕事は来ないしね。そういう人になりたいなとは思ったけど（笑）。

箭内：でもハイボールみたいに、ウイスキーを新しくする仕事を鮮やかにこなされたりするわけじゃないですか。あれって何十年間、だれもできなかったことだと思うんですけど。

大島：危機感がありましたよね。「このままだとウイスキーなくなっちゃうかもな……」っていう。クライアントさんとも色んな話し合いを徹底的にやりましたから。最初は「オレ、もしかするとウイスキーをダメにするかもしれない」とまで思ってました。
先輩たちが築き上げた日本のウイスキーのカルチャーとか、独特の美意識がありますよね。それを一度壊さないと前に進めないと思って、そこのプレゼンから入っていったんです。で、ウイスキーと一緒に心中しましょうみたいになっちゃったんですけど、そうやってギャンブルみたいなことをしなきゃいけないときもあるんですよ。

箭内：ギリギリの選択だったんでしょうね。でも、そういうときって答えはどうやって見つけるんですか？ これが正解だと信じる力はどこから来るのか。これを読んでいる方へのヒントを教えていただくと。

大島：その質問への答えになってるかどうかわからないけど、まず当事者にならないとね。第三者ではダメなんじゃないかな。僕はずっとそう思ってます。お酒は自分が好きだからできたんですよ。こうすればみんな絶対好きになるっていうのがわかるじゃないですか。それでも好きにならなかったら、飲ませてあげればいいわけで（笑）。第一にそこでしょうね。そのほかにもあるんだろうけど、まず当事者意識を持てない人は難しいな。ウイスキーの場合、これがなくなるのは悲しいと思うところから始まっているので、そこにはプライドみたいなものが出てくると思うんです。

まず当事者にならないとね。第三者ではダメなんじゃないかな。
（大島）

箭内：それって愛みたいなことでもあるんですかね？

大島：あるでしょうね。そういうものがないとオリエンだってプレゼンだってできないでしょう？ 幸いなことに、僕はそういうものをぶつけてきてくれるお得意さんに恵まれたんですよ。「ま、当たる広告、適当に作ってよ」ではなくてね。「これを実現してほしい」という想いみたいなものがあるから、なんとか応えたいと思うんであって。

箭内：うーん、いや、ほんとにそうですよね。ところで、大島さんはいつぐらいまで、そういうふうに働いていこうと思っているんですか。ずっと続けますよね？ 仕事は。

大島：いや全然。明日くらいにでも辞めたい。

箭内：本当ですか（笑）!?

大島：これはイヤミじゃないよ。本当に。嫌いなんですよ、仕事。打ち合わせしたり、企画してるときは好きなんだけど、大体プレゼンが苦手で。あと、出来上がっていくプロセスも苦手なんです。例えば編集のときなんかイヤでしようがない。

箭内：えー！ 全然そんなふうに見えませんけど。

大島：イヤというより、なんか恥ずかしくてしようがないの。いわゆる作品になってくるとね。

箭内：プレゼンも恥ずかしいんですか。

大島：うん、ちょっと芝居入らなきゃいけないくらいの感じがありますよね？ これだけ長いことやってるとその芝居の動作というか、所作がほとんど決まってきたりして、そのことをやってる自分が悲しくて……。あまりにもたくさんやり過ぎたってことかな？

箭内：いや、そうだと思います（笑）。あと照れもありますよね？

大島：なんだろう？ 舞台に立つのが苦手なんでしょうね。これ真面目に言うけど、本当にね、ダメなの。晴れ舞台に立つのは。どちらかと言うと、幕の後ろ側にいるほうが好きなんですよ。

箭内：なるほど。プレゼンで目立つのも舞台のひとつなんですね？

大島：そうなんです。

箭内：でも、喜んでくれるのはうれしい？

大島：すごくうれしい！ それはそうでしょう？

箭内：それはクライアントもそうだけど、一緒に作った人たちだったり、CMを見た人だったり？

大島：そうですね。でも、まずはクライアントや一緒に作ってくれた人たちとうれしさを分かち合いたいというのが大きいかな。そこはね、いまの人たちとちょっと違うかもしれない。みんな偉いと思うんです。ブラウン管の向こう側にいる人たちを優先しますよね？ いまのクリエイティブの人たちは、そういうものをすごく上手に面白く作れる。オレ、その発想はあんまりなかったんですよ。

箭内：そうですかね？

大島：うん、そういう意味では少し保守的なのかもしれない。自分の中に「こうじゃないといけない」っていう何かが意外と強くあって、その上で見ている人の気持ちが動いてくれれば、それが一番うれしいわけですよね。でも、いまってまず見ている人たちを動かさないといけないという前提ありきで、向こうの人たちのリアクションを逆算しながら作っていくところがあるじゃないですか。

箭内：あー、そうですね。

背骨が歪んでないから、
毅然としたものを見る側は感じるんだと思うんです。

（箭内）

大島：「それでも全然いいんじゃねえの？」とは思いますけどね。でも、自分では作れないんですよ。

箭内：大島さんはさっき「自分のスタイルなんてない」っておっしゃいましたけど、やっぱりこうじゃなきゃいけないものがあるんですね。その背骨が歪んでないから、作るもの全部が凛としてるっていうかね、毅然としたものを見る側は感じるんだと思うんです。

大島：それがないと、やる価値ないなって思うんです。僕が広告をやっているのはそのためにやってると思っていただいていいくらいで。結局そこですよね。たぶんいま話してる広告論みたいなことだと、どっちが正しいってことにならないじゃない？ これは答えのない話だから。

箭内：確かに。答えのない話ってことでおうかがいすると、広告のみならず世界や日本に対して、何か思うことってありますか？

大島：あります！ すごくあるけど、そういうことはこういう場でしゃべりたくないな。例えばね、箭内さんの活動を見ていつもオレ尊敬してるんですけど、広いじゃない？ いわゆるマスコミの中での活動と広告の仕事を一致させて、ジャンルをどんどん広げていってるというか。つまり、「世界や日本はホントはこうじゃなきゃいけないんじゃないか？」という想いとその活動が絡んでるんですけど、僕にはそれはできないんですよ。だからこういう席じゃなくお酒飲みながら二人で話すんなら、徹底的に話したい（笑）！

箭内：徹底的に（笑）。でも確かに、広告を作る人のバランス感覚って色んなことを表明しないところに現れるというか、その良さもあると思います。

大島：それはね、オレたちの世代にわりと共通の感覚でもあるんですよ。でも、これからの人たちは世界や日本の課題にも絡まざるをえないのかもしれない。そうは言っても難しいよね。さっきの広告の話とも似ていて、政治でも数がすべてみたいなところがあったりするわけですから。

箭内：すごく似てますね、広告の話といまの話は。選挙でもなんとか投票率上げなきゃって言うけど、何も考えないで投票する人が増えると、結果がまた違ってしまったり。それはさっきのCMの話に近いなあと思います。なので、だれかがしっかりしてないといけないというか。

大島：そこまでは僕は思わないよ。だけど、ひとつだけ言ってもいいかなと思ってるのは、いま箭内さんがおっしゃったように、考えない人たちが増えてるとは感じるんです。で、考えないでそのままアクションしても、数が多いからOKだってことになるとコワい。イジメもそういうことですよね？ ちょっと考えればわかることを全然考えないで、それがどんどん普通になっていくみたいなところがある。数を前提にすればすべてOKだというふうに僕が思えないのは、そういうところですね。

箭内：すごく筋が通ってるというか、話全部がつながってきましたね。

大島：偏ってるかもしれないけど。

箭内：いや、偏ったところで通ってるんじゃないですか？その偏りからブレてないというか。

大島：そういう意味では古いまんまというか、そういうことなんだなって自分でも思います。聴く音楽も、好きなクルマも酒も、みんなそういうことになっていっちゃうんだよな。

箭内：大島さんにとって年をとるってどういうことですか？ 年を重ねることで、人にはいろんな変化があると思うんですけど。

大島：重たい話が出てきたね。6年前にかみさんを亡くしたんですけど、そのときかみさんから教わったんですよ。「人はね、死ぬために生きてる。死なない人ってだれもいなかったよね」って。それ聞いてなるほどなと思った。死ぬために生きているのか。だったら、どうせ死ぬんだったら、飲んで生きていったほうがいいなって思ってるね。60代も後半になってきたら、そう思わざるをえないですよ。

箭内：で、仕事は明日辞めてもいいと思ってる？

大島：そう、辞めてもいいんだけど、悲しいことに仕事とオレが生きてることはつながってるんですよね。それがなくなったときに、自分の生活や酒代なんかが想像できないのはもっと悲しい。そのとき、みんな付き合ってくれるのかしら（笑）？

箭内：みんな付き合うと思います。いや、みんなが付き合い続けてくれるために、仕事は辞めないっていう。

大島：実際ほとんどそれに近い（笑）。でも、最近ホントどうしようかなって思うんですよ。「いいのかな？ オレみたいなやつが上に立つ仕事やってて」って。というのも、自分自身若い頃から、何かを強要する人たちが会社をダメにするってずっと思ってきたから、もし自分もそういうふうに見られたり、人に強要せざるをえない状況が出てくると、仕事にしがみついていてはいけないんじゃないかと。経験ってすごく大切だけど、経験だけではこの仕事はできませんからね。

箭内：うーん、お話を聞いてると、大島さんにはすごくいい軽さみたいなものを感じるんです。その一方で、筋の通った美学みたいなものが貫かれていて……。あ、軽いって言っても軽薄って意味じゃないですよ（笑）。

大島：軽薄もけっこう持ってるよ（笑）。若いときはもっとそうだった。それがさ、いまこの年になって役立ってくれてるのがありがたいよね。

箭内：ACCに言いたいこととかってあります？ 読んでいる方へのアドバイスでもいいんですけど。やっぱりいまクリエイティブディレクターたちも悩んでいると思うんですよね。答えを出せない打ち合わせだったり。

大島：クリエイティブディレクターがイニシアチブを持てない仕事が出てきているなと、ちょっと感じますね。さっきも言ったように、ブラウン管の向こう側が最優先になると、そこで一番強い人が勝ちになるわけだから。つまり、ダンスを踊れたり、歌が歌えたり、漫才ができたり、要は舞台で勝てる人のほうが有利になってくる。そういう意味では、クリエイティブに要求されるのは芸だけになる時代になっていくのかもしれません。でも、「そのとき仕切るのはだれだよ？」って話ですよね。僕がもう一度ゼロからこの仕事を始めるんだったら、そっち側をうまく利用する手を考えたかもしれない。広告をメディア化しちゃうっていうか、広告業の吉本興業みたいなのを作って、そこで"芸人"をどんどん育てていく。クリエイティブディレクターじゃなくてプレイヤーですよね。レコード会社や出版社と変わらないシステムを取り入れることには可能性があると思うんです。

箭内：なるほど、レコード会社。その意味では再仕切りが必要なのかもしれませんね。

大島：そう、大事なのは仕切りですよね、手配じゃなくて。そこの差は「考えるか・考えないか」だと思うんです。軽いだけじゃダメなんだけど重いだけでもダメ、そういう時代ですから。押し付けるだけだと反発するけど、かと言って少し教わりたいという気持ちはみんなある。それを集約する核みたいなものが求められてるんでしょう。でも、いまのところ矛盾する概念が拮抗してる感じですよね。面白い時代なんだけど、ヤバいところもある。ヤバい時代だから、面白いんだろうけど。

箭内：そうですね。

大島：そういえば箭内さんたちが福島でやってる、ああいう活動も興味深いですよね。あれってある種の祭りだと思うんだけど、祭りは記憶を風化させないための文化ですから。僕はそう理解してるんです。長い目で見たときに僕たちがお役に立てるのは、やっぱり文化じゃないですか。文化なんて言うとエラソーに聞こえるかもしれないけど、いわゆるソフトですよ。僕たちはソフトを通じてしか世の中に関われないわけで、その進化は手を動かすことでしか生まれないと思うと、肉体で知ることはやっぱり大事だなって。クリエイティブの原点はそこですよね？

箭内：まさに同感です。いやー、面白いですね。飲みながらやりたいくらい（笑）。

大島：オレは飲みながらのほうがいいね！

箭内：飲みもある種、小さな祭りですもんね。で、大島さんは毎日が祭りってことで（笑）。

大島：だから最後は「ACCの皆さん、いつでもdofに飲みに来てください！」ってところでしめたいんですよ（笑）。

大島征夫（おおしま・ゆきお）
dof　クリエイティブディレクター

1973年電通入社。87年よりクリエイティブ・ディレクターとして、トヨタ自動車、JR東日本、サントリー、KDDI、資生堂、ソニーなどの企業広告制作を担当する。05年より現職。TCC賞グランプリ、ADC最高賞のほか、朝日広告賞、日経広告賞、ACC賞、毎日広告デザイン最高賞、クリエイター・オブ・ザ・イヤー賞など受賞多数。

レクサス　LS460
「誕生、LS460。」
テレビCM／新聞広告／雑誌広告／ポスター（CD）

2006年

KDDI au
「Create it!」
テレビCM／ポスター（ECD）

2010年

サントリー　トリス
「みんなの!!　トリスハイボール」
テレビCM／ポスター（ECD）

2011年

サントリー　天然水
「人を好きになるとノドが渇く、らしい。」
テレビCM／ポスター（ECD）

2012年

東日本旅客鉄道
「行くぜ、東北。」
テレビCM／ポスター（ECD）

2013年〜

サントリー　角
「角ハイボールがお好きでしょ。」
テレビCM／ポスター（ECD）

2014年〜

サントリー　ザ・サントリーオールド
「話はわかった、まず飲もう。」
テレビ CM ／ポスター（CD）

2009 年

サントリー　響
「日本の頂点をめざすことは、
世界の頂点をめざすことだった。」
ポスター（CD）

2013 年

サントリー　白州
「白州、森香るハイボール。」
テレビ CM ／ポスター（ECD）

2014 年

広告ロックンローラーズ

鋤田 正義　高橋 靖子

箭内：今回はこの連載で初めて二人の方を同時にお招きして、しかもヤッコさん（高橋靖子さん）は初の女性ゲストなんですよね。お二人は仕事でご一緒されてることも多くて、これまでの話でも面白いエピソードが山ほどあるとは思うんですけど、今日は鋤田さんとヤッコさんが、いまどういうことを考えているか？ってことを中心に話していただけるといいなと思ってるんです。「あんな年でも楽しそう！」「これから楽しいことがあるんだ！」と思えると、広告作る人たちが元気出るんじゃないかと。まずはヤッコさんにうかがってみたいんですけど、やっぱり男性のほうが圧倒的に多いですかね？広告に携わる方々は。

高橋：そうかもしれないですね。

箭内：女性はあまりいなかったですよね？ ヤッコさんがこの仕事を始めた頃は。

高橋：そうね。

箭内：そもそもスタイリスト第1号でしょう？ だんだん増えていったんですか。

高橋：あっというまに増えましたね。あるとき気が付いたら、スタイリストがいっぱいいました。

箭内：お二人はキャリアも半世紀ですよね。鋤田さんが75歳。ヤッコさんは？

高橋：72歳。もしかしてお母さんと一緒だとか思ってない（笑）？

箭内：いやあ、母親はあとふたつくらい上です（笑）。そう言えばこないだヤッコさんから留守電が入ってたんですよ。鋤田さんに撮っていただいたんですけど、高橋優っていう僕がプロデュースしてるアーティストのビデオクリップ集が出て、その留守電はヤッコさんが自分がスタイリングした曲がいいっていうことをおっしゃってる内容で（笑）。まだまだやるぞっていう意気込みが素敵だなあと思ったんですけど。

高橋：やるときは自分の中での全力はつくしますけど、上手にやろうっていうより、その人に会いたいとかそういうことのほうが先だから。箭内さんにもそろそろ会いたいとか、優さんにも会いたいとか、そういうことから始まるんですよね。

箭内：鋤田さんは最近どんな感じなんですか？デヴィッド・ボウイの写真集（『BOWIE×SUKITA Speed of Life』）を出されたのは一昨年でしたっけ？

鋤田：ええ、そうです。

箭内：展覧会もやられてましたね。

鋤田：福岡が終わって、いま大阪でやってます（2014年3月2日まで）。知られてないですよね、やっぱり？

箭内：えっ、展覧会のことがですか？

鋤田：いや、僕自身が。

箭内：えーっ、鋤田さんが？それ実感することあります？

鋤田：会場に行くとちょっとそんな感じしますね。

箭内：若い世代にってことですかね？

鋤田：もう75歳ですもん。客観的に考えても75歳のおじさんカメラマンは知らないですよね。

箭内：でも、鋤田さんの撮った写真を見れば……。

鋤田：それはあるでしょう。この写真は見たことがあると。でも、それだけですね。やっぱりああいうふうにまとめてやるのが年齢的に遅かったのか

撮りたいものがある以上は老けない気はします。
（鋤田）

な？とはちょっと思いました。

高橋：でも私がいま鋤田さんのことで一番うれしいのは、この次にT.REXの写真展をまたやるっておっしゃってて、あとは……。

鋤田：えっとね、去年の春にボウイが10年ぶりに復活したんで、イギリスのV&A（Victoria and Albert Museum）で大回顧展があったんですよ。それと同じ時期にロンドンの小さいギャラリーでデヴィッド・ボウイ展やったんです。僕はそれが初めてですね、外国でそういう写真展やったのは。

箭内：意外ですね。

鋤田：そのときの反応が面白かったんです。もしかして雑誌が多くて写真が簡単に手に入ることと関係があるかもしれないけど、日本で写真展をやっても、会場で写真を買う人はあまりないでしょう？写真を買う人が増えるといいなと数年前から思ってたんです。それを考えると、今回はボウイの生まれ故郷だってこともあるんでしょうけど、自分が想像した以上にロンドンの反応はよかったですね。終わってからギャラリーのオーナーに「今度はT.REXだね」と言われましたから、今年の9月、マーク・ボランの命日にやろうかなと。

箭内：デヴィッド・ボウイは、ルイ・ヴィトンのCMに出てますよね。

鋤田：うん。そう言えば、去年ボウイがカムバックしたときのビデオクリップ（『The Stars』）に、ティルダ・スウィントンという女優さんが出てきたんですよ。

高橋：あれ、すごく素敵ですよね。

鋤田：いま上映されてるジム・ジャームッシュの吸血鬼の映画（『Only Lovers Left Alive』）で主役をやってる人なんですけど、彼女もいま50代くらいでしょうね。その人がロンドンのボウイの回顧展にも出席してて、みんな写真家がフラッシュたいてたから「だれかな？」と思って見たらすごいセレブで。この前、試写会で映画を観たんですけど、ジャームッシュのあの映画もちょっと悲劇的だしね。そういう内容も含めてですけど、僕も50代の人撮りたいなとか、そういうことを色々思いました。

箭内：鋤田さんはムービーもスチールもやられるじゃないですか。で、何の仕事のときだったかな？「デジタルでムービーを撮って、そこからいい静止画をキャプチャしてスチールにすればいいんだよ」という話を昔、してくれたことがあったんですね。それまでの自分の経験を超えて、新しい機材を新しい感覚で使っていこうという発想が面白いと思ったんですけど、覚えてます？

鋤田：そう言ったかもしれないけど、一方ではゼラチンシルバーセッションやってますからね（笑）。僕らの世代はフィルムで仕込まれてるから、「オレは日本一暗室プリントがうまいんだ」っていうプライドをみんな持ってると思います。それくらいアシスタント時代には暗室にこもりきりでやらされましたから。でも、僕は最初にやるのがなんか好きなんですよ（笑）。市川準さんがまだ元気な頃、一緒に仕事してて、急に「鋤田さん、日本で最初のVシネマ演出したんだって？（『餓鬼魂』）週刊誌に載ってたよ」って言うんです。デジカメが出たときには、デジカメで撮ったショートムービー作ってますしね。田中麗奈さんが主役で3人の監督のオムニバス作品なんですけど（インターネット配信映像クリックシネマ『好き』。鋤田監督作品は『波』スチル撮影による映像。2000年）。日頃、ムービーのCMやったりしてると、機材は大きいわ重いわ、ロケセット行ったときにも場所を取るわで、思い通りのアング

自分の経験を超えて、新しい機材を新しい感覚で使っていこうという発想が面白いと思ったんです。
（箭内）

ルにならないのを気にしてはいたんですよね。でも、デジカメだったら自分の身体さえ入ればどこでも撮れるよさもあるから。そういうこともあって、古いものも大切にしてるけど、新しいものに対してもわりと入っていけたりするのかな？

箭内：自他ともにミーハーだって認めるところもありますからね（笑）。フィルムだったらいい感じに撮れる人がデジカメだとうまくいかないパターンもあると思うんですけど、鋤田さんどっちも操るじゃないですか。その秘訣ってあるんですか。

鋤田：秘訣とかはあんまりないですね（笑）。

箭内：ヤッコさんは鋤田さん最近見ててどんな感じですか？

高橋：まだ発表してないけど、鋤田さん、イギー・ポップ撮られたんです。そのときに「これからドンドン撮って、イギー・ポップも写真集と写真展やりたい」っておっしゃったから、「まだ私も手伝える」と思ってすごいうれしくて。その少し前には、「色んな展覧会終わったら九州のほう、自分の故郷のほうに暮らして、静かに全然違うテーマの写真を撮りたい」とよくおっしゃってたような気がしたんだけど、それが突然イギー・ポップ撮りたいって言ったから、私はもうそのときブワーッと笑っちゃいましたよ、うれしくて。

鋤田：予定は立てるけどドンドン変わっちゃうんですよね（笑）。変わったほうがいいんです。映画の『ブエナビスタ・ソシアルクラブ』の影響もあって、あれはキューバの年寄りが集まって音楽を楽しんでますよね。そういう楽しみ方は僕の場合は写真だから、写真でああいうことがやれればほんと幸せな一生だなとは思います。

箭内：楽しむことって大事ですよね。自分より年齢の上の人たちが楽しそうだったり、カッコよかったり、自由であったりすることが、僕ら年をとってくときに、一番の勇気になるしうれしいことですから。（忌野）清志郎さんもそうだったし、鋤田さんもヤッコさんも僕にとってはそうですね。で、あの……広告、これ広告の雑誌というか……（笑）。

高橋：いままで広告の話、一回も出てこなかった（笑）。

箭内：なのでそろそろ広告の話もしようと思うんですけど（笑）、鋤田さんは広告だと、最近はどんな仕事をされてるんですか？

鋤田：先ほども話に出ていた写真展の絡みで、福岡パルコのポスターは作りましたね。黒木渚っていうバンドのボーカリストをモデルにして。あと、ダイワハウスは4年くらいやってますかね？ 監督は高田（雅博）さんですね。最近、役所広司さん古田新太さんが対決してますけど（笑）、あれは楽しくや

ってます。あとは鏡月とか。

箭内：石原さとみちゃんの？「間接キスしてみ」ってやつですか？

鋤田：ええ、ワンカットでずーっと撮ってる。

箭内：あれ鋤田さんなんですね、いいですねー、あれ、みんなきゅんきゅんしてますよ、世の中の男子たちは。

鋤田：月に2本くらいやってますかね？ 一番忙しいのは60代で、休みまったくなしで6、7本やってました。

箭内：月に？

鋤田：うん、それ限界でした。仕事量が60代でピークになったからちょっとうれしかったですけど、もう体力との戦いで。

箭内：お若い頃からすごいけど、どんどん右肩上がりで来てるんですね。

鋤田：さっきのイギー・ポップの話じゃないけど、広告以外でも撮りたいものがある以上は老けない気はします。イギー・ポップはいずれまた撮りたいとずっと思ってましたから。1977年にね、ボウイとイギー・ポップが一緒に来日したとき二人を撮ったんですけど（※スタイリングは高橋靖子さん）、ボウイのほうの写真は『HEROES』のジャケットになったりして、あれはかなり世界的にバラまかれたんです。でも、イギー・ポップはちょっと弱かったんですよね。同じ1時間撮って、同じくらいの量のフィルム使ってるんですけど、「自分のいい写真ができてなかったのかなあ？」という後ろめたさもちょっとあったんで。いまの裸のイギー・ポップっていうのは、ちょっと枯れだしてきてるんですよね。あの人はライブのときステージでいつも上半身裸でやってるんですけど、その裸が衣装になるもんだから、それを一回ちゃんと撮りたいなというのもあって。で、去年ソウルのサマーフェスティバルに来たんで、ヤッコさんに手伝ってもらって撮ったんです。ワクワクしましたね。

箭内：そう言えば何年か前、鋤田さんに「木村カエラちゃん撮らせてくれませんか？」と言われて、カエラちゃんを表参道のフィットネスジムで撮影しましたよね？ あれ、すごくいい写真だった。

鋤田：ありがとうございました（笑）。

箭内：ヤッコさんはどうですか？ イギー・ポップ。

高橋：私は毎週、文通してます。イギー・ポップと。文通ていうかメール。書くとすぐ返ってくるから、また書かなきゃいけない。

箭内：どんな話してるんですか？

高橋：色々とんでもないことを書いてますけど（笑）。

鋤田：イギー・ポップって、僕の中ではロックンロールの雑草魂を感じるんです。ボウイはそれとはまったく違うロックの歴史の開拓者みたいなところがありますから、撮るときの構えもちょっと違いますよね。イギー・ポップはその雑草魂が枯れだしてる感じが、身体の皺なんかに出てきてちょうどいいときなんですけど、そういうのは僕の中では珍しいですよ。肉体を意識してロックンロールの人を撮ったことはあまりないですから。

高橋：9年前にイギー・ポップが日本に来たとき、鋤田さんと一緒に渋谷AXのライブを見に行ったんですけど、見てるとほんとすごくて。そのときはまだ足を蹴り上げると、天井につきそうなくらい上がってましたよね。でも終わったあと楽屋に行って衝撃受けたんです。ステージではわからなかったけど、全身すごい皺と傷だらけで。そのとき私、鋤田さんに言ったんですね。「この皺と傷を撮りましょう」って。そのときは鋤田さんじーっと黙ってたんですけど、私の勝手な想像の中で「いつかきっと鋤田さんが撮ってくれるんじゃないか」と思い続けて、9年経ってそうなった。それがスゴいなと思うんです。

鋤田：ボウイは若いとき広告代理店にいたせいか、戦略もうまいんですよね。去年10年ぶりに『The Next Day』というアルバムを出したんですけど、そのジャケットはね、さっきの『HEROES』の写真の上に白い四角のスペースを載せたものですから、世界中のメディアから「許可を出したのか？」なんて問い合わせが僕に来るんですけど、もうそういう仲じゃないんですよね。写真集を作りだしたときからやりとりだってあるし、活動を休止していた10年間でもニューヨークで会ったり、写真を撮ったこともありますから。つまり僕の中では、ものを作るときにちょっとしたアイデアで安く上げるとか、それを効果的にやるのはすごく刺激的なことでもあるんです。僕も若い頃は広告会社にいたので。

高橋：私も（笑）。

鋤田：ビデオクリップだって最近のは、サイトで彼自身が言うには1300円くらいでできたっていうんですよ（『Love is Lost』）。自分のオフィスで本人とアシスタントで撮ったそうだけど。いまって僕らが仕事してても予算とかね、そういうことの絡みが末端のカメラマンや照明、美術にまできたりする時代だと考えると、デヴィッド・ボウイはそれを逆手に取るかのように1300円でビデオクリップを撮ったりもしてるんですよね。

箭内：さっきお二人が広告代理店出身というお話があったんですけど、それが鋤田さんとヤッコさんの独特なスタンスにつながってると思うんですよね。しゃべってると音楽の話題に行っちゃったりしながら、また広告に戻ってくる今日のお話にもその感じが出てますけど（笑）。デヴィッド・ボウイやイギー・ポップを撮る一方でダイワハウスのCMを撮るというのも、鋤田さんの中で切り離してるわけじゃなく、何かフィードバックされるものがあったりつながるものがありますよね。そこが面白いと思うんです。それでお二人に聞いてみたいんですけど、いま振り返って代理店にいてよかったことってどんなことがありますか？

鋤田：僕が代理店にいたのは20代前半の5年間くらいでしたけど、当時大阪本社で500人くらいいたんですよ。

箭内：大広ですか？

鋤田：まあカメラマンって末端のところにいるから。
高橋：私なんて末端の末端です（笑）。

鋤田：うん、田舎から出てきて写真学校行って飛び出して、写真家のところに一年くらい居候してしごかれ、それから代理店入ったから、まだ世の中のことわからなかったんですよね。でも、社会の縮図みたいなものは感じました。「これを広げればもう世の中なんだろうなあ」と。色んな人がいて縦社会もあれば横社会もある。それを肌で感じられたのはプラスになっていると思います。

箭内：ヤッコさんは？

高橋：私は8カ月しかいなかったんです。そのあとずっと一人なんですよ。だからあんまり痕跡はないんですけど、銀座という場所やそこにいた方々から刺激は受けましたよね。その頃は、なぜか写真部と同じ部屋でアラーキーさんが一緒だったんです。ワンフロア上か下かにライトパブリシティが入っていて、土屋耕一さんのところにしょっちゅう遊びに行ったりして。

箭内：電通とライトパブリシティが同じ建物にあったんですか？

高橋：私はちょっと島流しっぽいところにいたので（笑）。私が入る前にすごく優秀なコピーライターの女性がいたんですね。その方が突然辞めたのでだれか埋めなきゃっていうときに、まだ大学生でコピーライター養成所にたまたま通っていた私をピックアップしてくれたんですけど、8カ月で原宿に来ちゃった。

箭内：いまお二人が、制作会社や代理店の人たち、クライアントを見て感じることはあります？

鋤田：そうですね。音楽産業にも近いことが言えるかもしれませんが、仕組みが成熟しちゃってる印象もありますね。それはいいことなんでしょうけど、たまに弊害もある感じがします。なんですかね？広告には即効性も必要なのに、身動きが取りづらいというか。ポール・スミスの仕事のやり方に即効性を感じるんですよ。彼はデヴィッド・ボウイの友人なんですけど、『The Next Day』が出たときアルバム発売と同時くらいにTシャツができてるんですよね。そういうのはビックリして「なんでだろう？」と思ったり。彼はサーの称号もついてるくらいの人ですから、そうとう力を持ってるとはいえ、発想がシンプルだから即効性ができるのか、ワンマンから来てるあれなのか？

箭内：いまの話で言うと、「身軽」というのはひとつキーワードのような気がするんです。ヤッコさん、ずっと身軽じゃないですか？

高橋：鋤田さんがおっしゃったように組織が成熟しているというふうには感じます。昔はアートディレクターがこちょこちょっと描いたラフを渡されて、「これでやってよ」みたいなことがありましたよね。そういうのを見て、こっちもワーッとイメージをふくらませてやっていたのが、いまはプレゼンをしたり衣装チェックも何回もやったりみたいになってる。でもその頃も私、自分では「ゲリラ」だと思ってたの。大きな流れの真ん中にどんといるんじゃなくて、どういう締め付けがあってもひとつスキマを見つけてそこでやる。スキマが見つからないときはちょっと見てるみたいな。それはいまの言葉だと「ノマド」っていうのかもしれないけど、時代は変わっても自分の生き方は変わらない気がするんです。

箭内：真ん中にいかないように気をつけてるんですか？

高橋：いや、気が付くとそうなってるんですよね（笑）。さっき即効性って話も出て、鋤田さんなんてこれだけのことやってるのに「遅かった」っておっ

末端という言葉がふさわしいかどうかわからないけど、そこにいると世の中の空気は一番肌で感じられますよね。
（箭内）

しゃってましたけど、私なんてもっともっと遅いって思ってます。自分の72歳という年齢も考えて、これから10年くらいかけて何かを達成しようと思ったとき、一番大事なのは自分の中でスピード感みたいなものを失わないことじゃないかな？ せっかちになっちゃってもなかなかできないから、自分のこれまでの流れも大切にしながらではあるけど。

箭内：頭脳労働でありながら肉体労働でもあるじゃないですか？ 写真を撮ったり衣装を集めたり作ったりするのは。

高橋：そこがいいんです。若い頃コピーライターになろうと思ったとき、お使いや雑用が山ほどあったわけ。でもね、「お使いってなんて楽しいんだろう」と思ってました。外へ出かけて、言われたものだけじゃなく、言われなかったものも買う。ちょっとした驚かしものを探して、「今日はどうやって人を喜ばせようかな？」と思ってるうちに、いつの間にかスタイリストになっちゃったんです。

箭内：驚かせるのが仕事だったり？

高橋：ちょこっとね。笑わせたり、カッコいいって思ってもらいたいというか。そういうことに向いてるんだと思います。

箭内：スタイリストをしていく上で、昔と今でご自分の中で変わったことあります？

高橋：昔は自分で情報を作らなきゃいけなかったし、なんにも決まりがなかったんですよ。いまみたいにプレスがきちんとしているわけではないし、リースのシステムもなかった。だから何かひとつ言われるたびに、海の中に潜って見つけてくるみたいなそんな感じ。よく動いたなと思いますけど、自分にとってはそれがよかった。68年にニューヨークに行ったんですね、お金がないのに必死で貯めて。カメラマンやアートディレクターの方からアメリカのスタイリストの話を聞いていて、「そんなにすごいものなのかな？」と思って二度くらい行ったんですけど、向こうのカメラマンやスタイリストから一番学んだのは、「自分がいいと思うことをやればいいんだ」ということなんですよ。スタイリストやカメラマンだけじゃなく、表現する人はみんな同じだと思うけど、その人が持ってる一番いいものをピカーンとやったときが一番いいわけでしょ？ そういう意味では、ベテランも始めたばかりの人も同じかなという気がします。で、同じなんだから私を起用してって思うの（笑）。

箭内：いま、これ読んでる若い人が「ヤッコさんにお願いしていいんだ」って思ったらいいですね。ところで広告ってこれからどうなっていけばいいんでしょう？と言ったら難しい話ですけど、業界を活気づけるためのヒントみたいなものがあったら教えてほしいんですけど。

鋤田：広告ではないけど、『あまちゃん』のポピュラリティと幅の広さには感心しましたね。作り方自体はオーソドックスで主役の子も演技がうまいわけじゃないのに、あの子がジャンプして笑って、あの音楽が始まりだして、それだけで何カ月ものあいだ人の心をつかむ。キョンキョン（小泉今日子）や薬師丸ひろ子を起用する層の厚さみたいなものもあって。それで思うのは、シリーズの広告みたいなものは今後もポピュラーな存在としてあり続けるんじゃないかと。あと活気づけるということで言うと、うまく言葉で表現できないんですけど、僕らが最初原宿に来たときって何もなかったんですよね。当時は神田、銀座が広告代理店の中心の場所だから、いわゆるプロダクションはそっちに集まっていたし、ブティックも一軒、二軒くらいしかなくて。ところが偶然と言えば偶然ですけど、操上和美さんや浅井慎平さんが原宿に事務所を持ち始めたら、現像所は来るわ写真の機材屋さんは来るわで、だんだん活気づいていったんです。

箭内：同時多発的と言うか、いろんな人のエネルギーが組み合わさることがすごく大事なんでしょうね。だれかが頑張ってるとかじゃなく。

高橋：私なんかも原宿でそういうエネルギーを浴びたわけですよね。ロンドンでもニューヨークでも、時代の風が吹いてるところがあって、そういう場所はものすごくカンファタブルなんです。

箭内：やっぱり仲間が大事ですね。お二人は特にそうでしょうけど、同じ職種じゃなくても刺激を与え合えるというか。

鋤田：まあカメラマンって末端のところにいるから。

高橋：私なんて末端の末端です（笑）。

箭内：末端というか……世の中に一番近い場所ってことですね。

鋤田：50年くらいずっとやってきて思うのは、ある産業が生まれてきたときにそこの広告が盛り上がるっていうのはありますよね。ジーンズが流行ると、グラフィックでもコマーシャルでもジーンズの広告が圧倒的にいい時代があったり、コンビニができ始めた頃には、セブン-イレブンのシリーズが元気よかったり。その時代の消費にエネルギーは集中しますから、末端の人間でもそれにどう勢いよく対応していくか？は大事だと感じます。

箭内：末端という言葉がふさわしいかどうかわからないけど、そこにいると世の中の空気は一番肌で感じられますよね。

高橋：だから若いジェネレーションの人が出てきてくれるとうれしいんです。いままで通用していた

ことがもう通用しないことってあると思うんですけど。

箭内：ヤッコさんは、いつの時代もすきまの通し方を知ってる気がするんですよね。それでいて、「すきまじゃなきゃダメなのよ」とヤッコさんはいつも強く主張するんじゃなく、みんなが納得する場所を探しているというか。

高橋：王道をやらせてくださればそれはそれで（笑）。

箭内：穏やかに仕事されますよね？

高橋：楽しんだほうが勝ちだと思いますしね。こういうのは勝ち負けじゃないけど、楽しんでやりたいなと思いますし、やったあとでみんなで「よかったね」という感じで終わりたいんです。その話で前に鋤田さんから言われて心してることがあるんですけど、いま言うと怒られちゃうかな？

箭内：大丈夫だと思います。

高橋：若いディレクターと仕事するときは「待ってるんだよ」って。その人がやることをじっと見守ってるんだよっていう言い方だと思うんですけど、そんなの撮っても無駄だと思っても、彼は色んなことをそれで探して学んでるんだからって……。私なんかはいつも制作の人と一緒なわけですよ。その人はいつかプロデューサーになるわけでしょ？ このあいだ、ものすごく予算も厳しくて色んな意味で苦しかった仕事のときに、やっぱり制作の若い人が一番大変じゃないですか。でも、いまはその人たちをケアする余裕がなかったりしますよね？ それでお昼ご飯おごって一緒に食べたら、「今度僕が月給もらったらヤッコさんにおごるから」なんて言ってくれたんですけど、そういうのはすごくうれしいです。母性ですね、きっと（笑）。飛び越えてプロデューサーと話せなくはないんだけど、それをやったらおしまいだから。必ず制作の人と相談してそこで解決することをやっていかないと。

箭内：忘れないですよね、そういうふうにしてもらうと。

高橋：やってあげてるわけじゃないですけどね。そういうことは鋤田さんから教わったことでもあるんですけど。

箭内：鋤田さんはいつまで写真撮ろうと思ってます？

鋤田：ずっと。

箭内：ずっと！

鋤田：写真って簡単に撮れますからね。イギー・ポップを最近撮ったといっても前にも撮ってはいるし、コネクションということではボウイでもみんなそうなんです。でもそれだけじゃ面白くないんで、昔から撮ってた風景スナップをずっとやっていて、展覧会半分くらいそれ入れたりしてるんですけど、それはずっと続けますね。面白いですよ。それに関連して言うと、カメラも好きなところがたぶんあると思うんですね。新しいカメラ出たらすぐ買うんですよ。買ったら撮らないといけないじゃないですか？

箭内：ミュージシャンがギターをいっぱい持ってるのに、どんどん買い続けるのと一緒かもしれませんね。

鋤田：自分を追いこむにはカメラってちょうどいいですね。

箭内：デジタルが多いですか？

鋤田：そうですね。

箭内：デジタルがもたらしたものってやっぱりありますよね？ いままで撮れなかったものが撮れるようになったり。

鋤田：僕なんかはコンサート撮るでしょ？ あれ、フィルムだったら大変でしたよ。36枚切ったら、盛り上がって人がグチャグチャにいる中で入れ替えたり。そう考えるとフィルムチェンジしなくてもいいというのは便利になりました。

箭内：ムービーとスチールの両方やってらっしゃいますけど、そこになにか違いってありますか？取り組み方で。

鋤田：僕は方針としては同じで、広い意味の映像ってことでずっと来てますから。本来は小さいところで差はあるんでしょうけど、ファインダーを覗くときはスチールもムービーも変わらないような気がします。大切なものを目の前においたら、やることはスチールでもムービーでも同じですよね。

高橋：デジタルがいいと思うのは、ブログでもFacebookやTwitterでもそうなんですけど、それって大きな意味では「私がここにいます」っていうことを言い続けてることじゃないですか。人はやっぱり自分から何かの形で表現したいんですよね、世界に向かって。

鋤田：箭内さん、音楽でずっと日本中回ってらしたけど、それは広告とどうつながってるんですか。広告の場合、リアルにその場で反応が来ないじゃないですか。でも、ああいうコンサートの場合は、モロ目の前で反応がありますよね？

箭内：それは違いとして大きいですね。モロの洗礼を受けちゃうと、広告にもモロの反応がほしくなってきます。さっきヤッコさんが言ったSNSとかもそうだと思うんですけど、自分のやったことがリアルタイムでどう反応されているのか？は気になります。昔は悪口とか言われたら傷ついてたんですけど（笑）、いまは面白い届き方をしてるんだなーって思えたり、コイツが面白いと思えるように次はもうちょっと違うことやってみようと思ったり、すべてが双方向になっていて、それはライブのあの感じが教えてくれたことだと思いますね。ミュージシャンにとってもCDとライブって全然違うものだと思うんですけど、僕らもものを作るとき、CD的じゃなくセッション的に作れたりすると、すごく面白くなると思いますね。

鋤田正義（すきた・まさよし）
写真家

1938年生まれ。広告・音楽・映画などの仕事で今日に至る。最近では、2012年、忌野清志郎写真集『SOUL』、デヴィッド・ボウイ写真集『BOWIE × SUKITA　Speed of Life』英国ジェネシス出版より発売。2012年8月、東京都写真美術館及び渋谷パルコミュージアムにて写真展同時開催。2013年、V&Aミュージアム「David Bowie is」展に写真提供。ロンドンのSNAP Galleriesで「David Bowie写真展」開催。『THE SHOOT MUSTGO ON 写真家鋤田正義自らを語る』がK＆Bパブリッシャーズより発売。

JAZZ
広告写真（撮影）

1968年（ブランドに関わったのは1969～71年）

PARCO出版
沢田研二 写真集『水の皮膚』
写真集（撮影）

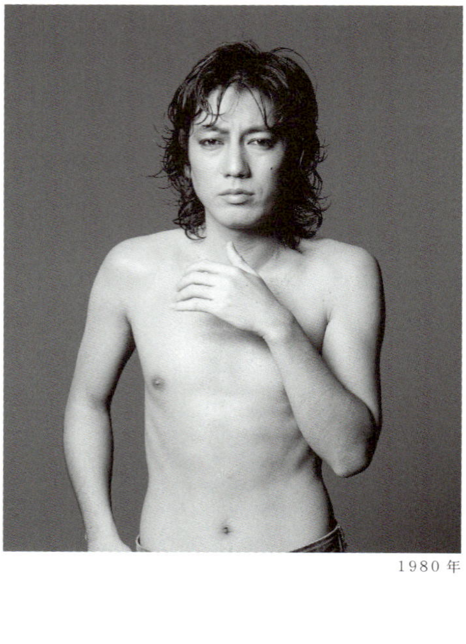

1980年

新潮社　新潮文庫の100冊
「ひとりになったら本を読む、海」篇
テレビCM（撮影）

1980年

本田技研工業　ホンダ・シティ
「ホンダ・シティ誕生」篇
テレビCM（撮影）

1982年

トライグループ　家庭教師のトライ
「ともだちの先生」篇
テレビCM（撮影）

1999年

大塚製薬　カロリーメイト
「がんばれワカゾー！二人の海」篇
テレビCM（撮影）

2003年

大和ハウス工業　企業広告
「強い家」篇
テレビCM（撮影）

2013年

サントリー　鏡月
「きょう、きみと、ふーん。」篇
テレビCM（撮影）

2013年

映画『ミステリー・トレイン』
（スチル撮影）

1989年

競輪「人生×競輪」篇
テレビCM（撮影）

2013年

映画『ワンダフルライフ』
（スチル撮影、出演）

1999年

高橋靖子（たかはし・やすこ）
スタイリスト

1941年生まれ。日本スタイリスト界の草分け的存在。早稲田大学を卒業後、表参道の広告制作会社を経てフリーランスのスタイリストに。71年、単身ロンドンに渡り、山本寛斎氏のファッションショーを成功させる。その後、ジギー・スターダスト期のデヴィッド・ボウイの衣装を担当。また、写真家・鋤田正義氏とデヴィッド・ボウイ、T・レックスのフォトセッションをサポートしたことでも知られる。現在も、広告、CMなど第一線で活躍中。エッセイ『家族の回転扉』（『小さな小さなあなたを産んで』読売新聞社所収）で第19回読売「ヒューマン・ドキュメンタリー」大賞を受賞。現在はWebマガジン『HotWiredJapan』のブログや『まいまいクラブ』での連載エッセイ『小さな食卓』が好評を博している。

日産自動車　セフィーロ
「納車の日の二人」篇
テレビCM（ST）

1994年

本田技研工業　FREED
「カフェ」篇（左）、「草原」篇（右）
テレビCM（ST）

2008年

本田技研工業　FREED
プロモーション・ビデオ（ST）

2008年

シャープ　LED電球
「デンキはけして。」篇
テレビCM（ST）

2010年

高橋 優
『誰がために鐘は鳴る』
ワーナーミュージック・ジャパン
ミュージックビデオ（ST）

2011 年

キユーピー
味わいすっきりドレッシング
「素材が濃い。」篇
テレビ CM（ST）

2012 年

オリンパス　企業広告
「オリンパスの常識」篇
テレビ CM（ST）

2013 年

DMM.com　DMM.MAKE
「滝」篇
テレビCM（ST）

2014年

日野自動車　日野デュトロ
「とんかつ（安全）」篇（左）、「マッサージ（低燃費）」篇（右）
テレビCM（ST）

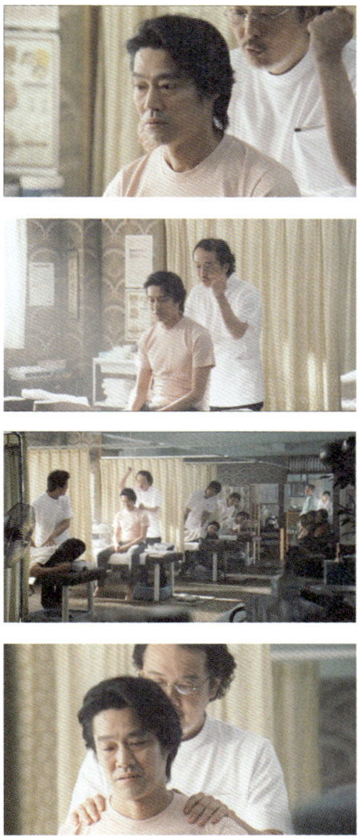

2014年

広告ロックンローラーズ
仲畑 貴志

仲畑さんのは「幻想の海にまみれながら、これは幻想なんだ」って思い続けるみたいな書き方ですよね。

（箭内）

箭内：仲畑さんはこの連載に出てくださったコピーライターの中では、秋山晶さんに並びそうなキャリアの方だと思うんですけど。

仲畑：いや、秋山氏は10歳年上ですから。歳はむしろ佐々木（宏）とか一倉（宏）に近い。

箭内：そう言えば佐々木さん、今年還暦だって言ってました。

仲畑：いまオレ、66だから。佐々木は60で、6つ違いでしょ？ （秋山氏と）なぜか一緒にされちゃうんですよ。

箭内：仲畑さん、デビューが早かったのもあるんじゃないですか。

仲畑：大学行かなかったからね。勉強イヤで、大学へ行かなくて済むように工業高校行って、しばらくして、この仕事始めたから。

箭内：だいたいの人は大学出て広告業界に入ってきてるけど、仲畑さんは行ってないわけじゃないですか。ということは、本当は学歴なんていらないということですよね。

仲畑：しかし、レッテルを重要視するビジネスもあるから。でも、それを必要とする社会で生きようと思ってなかったから、高卒で上等だったんですよ。目指すところが、学歴が必要な場所だったら大学行ったと思う。でも、そういう生き方をする気は全くなかった。

箭内：必要ない世界ですよね、いいものが作れれば。

仲畑：うちも一度、中卒探したけどね、若いの。なかなかいなかったね。

箭内：うちもやったことあります。

仲畑：あ、そう？

箭内：カメラマンの瀧本幹也くんがそうなんですよね。すぐにスタジオに入って。脂がのってきたときの年齢がいい感じなんですよ。だからできるだけ若い頃から、クリエイターになりたいという人もいてもいいかなと思って、中卒の人を募集したんですけどやっぱいなかったですね。

仲畑：いないよね。瀧本くんって（藤井）保のとこにいた子？

箭内：そうです。

仲畑：彼はいいよね。よく育ったよね。いいフォームだと思う。

箭内：でも早く社会に出ちゃうと、学校で経験するケンカだったり恋愛だったりがないまま大人になってしまって「いいのか？」みたいに言う人いるけど、ケンカも恋愛も十分、仲畑さんしてますよね？

仲畑：十分と言えるかわからんけど。でも、大学生をうらやましいって気持ちはやっぱちょっとあったんですよ。学校入るだけで何もしない4年が確保できるわけでしょ？ 大学行かないでブラブラしてると、「お前何やってるの？」って言われるけど、大学生って、それだけで問題ないみたいな。そういう4年を過ごせるのはすごいよね。

箭内：でも、その4年がいいほうに行く人と必要ない人とありますよね。

仲畑：おおむね無為に過ごす4年だと思いますよ。ただ、僕は行ってないだけに、自分が持ち得ないものへの幻想的郷愁みたいなのはある。友だちはみんな大学行ってたからね。大学のにおい嗅ぎに行ったことあるもん。

箭内：へえ〜。

仲畑：「ああ、キャンパスってこういう所なんだ」と思ったり、学食に行ったりして。

箭内：でも、その郷愁ってのは、いまも仲畑さんがコピーを書くときに深みというか味わいを醸す源になってる何かですよね。ほかの人にないものというか。

仲畑：そういうのってなんだろう？ ひとつはやっぱ、箱根を越えて来てるってこともあるかな。自分ではわからないけど。

箭内：人っていろんなものに郷愁感じるじゃないですか。男に対しても女に対しても。仲畑さんには、いろんな人に慕われ囲まれてって部分と、ひとりが似合う感じっていうか、その両面を感じるんですけど、どうですかね。

仲畑：まあ、だれでもそういう部分はあるんじゃない？ でも、若いもん好きですよ。よくこういうインタビューで問われたときに、「業界で尊敬する人だれもいない」ってハッキリ言いますね。正しく言うと、先輩には一人も。むしろ僕と同じジェネレーションの制作者とか、もっと若い人らからずいぶん教わりましたね。葛西（薫）にしろ副田（高行）にしろ、そのあとに来た大貫（卓也）とか佐藤雅彦。彼らに僕は助けられた。

箭内：助けられたというのはどういう助けられ方を？ 仕事を直接ご一緒したということじゃないですよね。

仲畑：要するに表現ってどっかで疲弊するし、もうこの先はないなあと思うとこまで行くことあるでしょ？ で、なんかつまんねえなあ……って思うじゃない。「このジャンルの表現は、もうこんなとこで終わるのかな？」と思う瞬間、そういうときに佐藤雅彦だとか、あのへんの人たちが出て来て、すごいなと思った。そう思わされるだけで、すでにもう彼らにもらってる。よし、じゃあつぶしてやろうと（笑）。

箭内：つぶす……（笑）。

仲畑：いや、口が悪くて、ホントにつぶすわけじゃなくて、言葉は悪いけど表現の部分でケンカしようってことだよね。実際、大貫君も佐藤雅彦もすごくいいリレーションなんですよ、いまでも。一緒に飲みに行ったりすることもある。とくに雅彦とはね。

箭内：へえ～。

仲畑：普通、水と油？ 体質的に。

箭内：確かに仲畑さんと佐藤雅彦さんとで何を話すのか想像つかない。どんな話するんですか？

仲畑：何っていうと難しいけど、彼のやってることは興味深いし、「芸大の教授になって何教えてんの？」とか、そんなことだよね。だって芸大で教えることなんかないでしょ？ 勝手にやれってことがアートなのに。教えるなんて、ねえ？ 大変だ。

箭内：そこは難しいですよね。反面教師のほうが成立しやすいというか。「この先生の言うこと聞いてたら自分は古くなってしまう」って思わせたら思わせたで、そりゃいい教育でしょうけど。

仲畑：業界でもそういう人のおかげは多いね。

箭内：さっきファインアートやいろんなものから刺激を受けたってお話をされてたんですけど、例えばどんなものなんでしょう？ 仲畑さんがなんかすごい皿を買ったという話を昔聞いたことがあるんですけど。

仲畑：骨董のこと？

箭内：そこはまた違います？

仲畑：骨董から学んだのは、経済的な怯えなんて関係ないってこと。皿なんて割ったら終わりだし、偽物だってつかまされる。で、「金ってなんだ？」と。そういうの、もうどうでもいいやということを早く感じさせてくれたのが骨董です。全部勘違いだなということを教えてくれた。だってゴミだもんね、そのへんに置いてあったら。

箭内：稼いだお金を散々そこにつぎ込むというか買うんですよね？

仲畑：そう、一種の病気ですから、あれ。

箭内：そうなんですか。

仲畑：白洲正子っていう先輩がいて、その人とのやりとりが面白くて、お互い見せっこして。そういう刺激的な友だちがいたことも骨董にのめり込んだ理由だな。ふつうのファインアートと同調するところもあるしね。でも、それ以上に面白かったのは、

こんなの全部幻想じゃねえかという。僕らの価値っていうのは、そういうの多いじゃない。誰かに、そう思わされてるだけだからさ。人ってそういう間違った嘘を刷り込まれてる。だから表現者はそこを自分で感知して剥ぎとる力がないと、嘘くさくて伝わらないと思うね。例えばよく言うけど「女の人は優しい」。んなこと絶対ウソでしょ？

箭内：はははは。

仲畑：滴るような悪意を持った女もいるし、すごくチャーミングな野郎にも出会うし。「田舎の人は素朴」っていうのも嘘だよね？ そういうシンプルな間違いをオレたちいっぱい身に付けてるんだけど、その文脈に乗った表現は伝わらないね。全部、うんこだ。まったく伝わらない。だけど手軽にそれをやっちゃうよね。それを剥ぎとっていく力って結構重要で。

箭内：なるほど。

仲畑：ただ、剥ぎとりすぎると社会に順応できない生き物になっちゃう。その頃合いが難しいんですけどね。

箭内：幻想から“解脱”してね、もう上がっちゃってるかって言うとそうじゃなく、仲畑さんのは「幻想の海にまみれながら、これは幻想なんだ」って思い続けるみたいな書き方ですよね。

仲畑：切ないもんだよ。すごく切ないもんだね。「溺れるものは藁をもつかむ」って、つかんだ藁も幻想だからさ。つかむものも何もない。だけど幻想の上でどこか信頼し合わないとやっていけないから希求して、そういうことを探して表現するみたいなとこじゃない？ 俺たちがやってることって。それの一番強烈なのが広告表現だよね。ものに名前つけて幻想でパッケージして、それをまた幻想の価値で勧

切ないもんだよ。すごく切ないもんだね。
「溺れるものは藁をもつかむ」って、
つかんだ藁も幻想だからさ。つかむものも何もない。
（仲畑）

めるって行為でしょ？ むちゃくちゃだよね。だから、そのぶん刺激的でオモロイよね。

箭内：例えば仲畑さんだったら、「つまんない、もうやめた」みたいにね、いつ広告からいなくなってもみんな納得しそうな気がするんです。でも、仲畑さんはずーっと広告の真ん中にとどまっているというか、そこで泳ぎ続けてるじゃないですか。それはどうしてなんですか。

仲畑：いつ頃かな？ いまから10年くらい前、一回やめたんですよ。たけしさん（北野武さん）の影響もあって映画やろうと。あの人、飲んだり飯食ってるとバカばっかりやってるわけ。「ひょうきん族」のまんまなのね。でも、映画の話すると突然ものすごくジェントルになる。超まじめになって前傾姿勢とるわけ。すごい熱が入ってる。だから、そんなに面白いんだと思って。映画って、好きで観るけど、自分が作り手に回るってことは考えてなかった。でも、やってる人たちがみんな熱を持っているもんだから、そういう人たちが耽溺するものには、やはり興味持つよね。で、やろうかなと。でも広告やりながら、広告に足つけて安全地帯から狙撃しても、いいものできないと思うから、やっぱり全部やめなきゃダメだと思ったわけ。

箭内：うーん。

仲畑：なんでもそうじゃない？ 本気でやんないと一等賞には勝てないわけで。

箭内：周りの見方もね。それだけですごくネガティブになっちゃうし。

仲畑：スタッフにも失礼だし。で、映画に触っていったら、あっちのほうはあっちのほうで制度があるんだよね。

箭内：そうなんですか。

仲畑：一番は金の問題ね。すぐに10億、20億飛ぶ。そこのところがちょっと難しかった。

箭内：いつ頃ですか？ その4年間って。

仲畑：オレ、5年くらい前に電通と会社作ったじゃない？ その前。それを遡ること4年。

箭内：映画の世界にも色んな人がいるんですね。

仲畑：もっとスマートだと思ったんですよ。ロスの連中なんかからすると、日本は異質だって言うけどね。配給が難しいっていうのがあってさ。ある意味で作るのは簡単。工夫すればローコストでできるけど、この国はチャンネルがないんですよね、映画の。そういうことも含めて、こりゃ難しいなと。人に迷惑かけることと素直にやっていくこと、その差があまりにも開きすぎだなと思ったところで、また広告やろうという話になってきた。もともと広告が大好きなんで、じゃ、もう一回やろうかと。

「仲畑さんにとって広告とは？」といったことを、改めてうかがってみたいと思います。
（箭内）

箭内：ということは、その4年間から戻ってきたときに、カタカナの「ナカハタ」が生まれたんですか。

仲畑：うん、電通の首脳と話してて、一緒に会社作ろうと。

箭内：その会社を作って、広告の世界に戻ってきてどうでした？ その4年間の中で広告の中で停滞したり変わったりという部分もきっとあったでしょうし。

仲畑：45年この仕事やってきて、表現はいまが一番レベル低いと思うよ。トップだけじゃなくアベレージも。

箭内：でも、そうですよね。

仲畑：若い人は逆にチャンスだと思ってやればいい。こういう発言を僕がするじゃない？ で、言ってるだけじゃ、それは失礼だし、自分もやるしかないと。1個でも2個でも、いい花咲かそうというのが素直な気持ちですね。

箭内：好きな広告に対する仲畑さんの接し方として？

仲畑：それしかできないでしょ？ あーしろこーしろって若いヤツに言ったってしょうがないんで。テメエでやってみてどうなるのか。それがうんこだったら、オレはもうハイ、サヨウナラ。それまでは、もちょっとやってみる。あと数年だと思うんですけどね。まわりに同年代がいなくなっちゃったし。社会と切り結ぶという気概を持って、グッと引っ掻くような人がもっといてくれたらね、熱くなれるんだけど。ただ、年齢っていうのは残酷で、仕方ないよね。

箭内：あと数年っていまおっしゃってましたけど、いくつくらいまで？ もう予定立ててるんですか。

仲畑：いや、そんな明快にスケジュールを作ってるわけじゃないけど（笑）。

箭内：前に対談したときに、「もう必要ないって言われたら潔く辞める」っておっしゃってましたね。

仲畑：それはそう。しがみつく気はまったくない。

箭内：いまはまだ必要そうだなって思うわけですよね。

仲畑：広告屋って不思議じゃない？「広告やりませーん？」って売って歩くわけにいかないわけだね。とくにオレら職人はね。仕事が来るうちはそれだけ需要があるとみて、それならってことだけど。

箭内：いま職人って言葉が出ましたけど、前にお話ししたときも職人であることを大事にするっていうか、そこはこだわりたいんだということをおっしゃってましたね。

仲畑：二面あるんだけどね。マネージメントやプロデュースみたいな総合する力も必要なんだけど、僕が楽しいのは表現の部分なんですよ。自分がコトを表現する、そこの一番先っぽが楽しい。素直に言うと、メンドくさいのはみんなに任しといて、表現だけやらせてくれたらいいなあ。オレ、プレゼンでしゃべるの嫌いなのよ。すっごく下手で、気恥ずかしくなるの、しゃべるとき。で、照れて、暴言を吐く。

箭内：そうですか。

仲畑：そりゃそうじゃない？ だって、恥ずかしくない？ オレたち言ってることって。

箭内：まあ……そうですかね？

仲畑：おかしいよ。ターゲットがこうだからとか世の中がこうだからとか、神の視座からのように、なんだかんだ言うんだけど、ちょっと引いてみたら、すげえ滑稽な感じがする。

箭内：でも、その表現の先っぽがキレイでピカピカにとんがるためには、やっぱ仲畑さんがそこに至る道をちゃんとプロデュースしなきゃいけないわけですよね。

仲畑：そうそう、雑務みたいな。僕からすると雑務なんだけど。

箭内：プレゼンは雑務（笑）。

仲畑：雑務でしょ。オレ、いまクライアントに、「プレゼンは話聞かないで、置いて帰ってもらったら？」って言ってる。だってプレゼンのうまいへたがあっちゃいけないと思わない？ プレゼンのうまい人の表現が、効果ある表現ではないだろ？ 新聞広告15段の横に企画書は置けないんだから。

箭内：そうですね、掲載されない。

仲畑：視聴者はいきなり出会うわけだからさ。まあ、社内で稟議だなんだっていうときに必要なら仕方ないけど。

箭内：会社のほかの人に説明するときの材料をもらいたいんですよね。

仲畑：そのためだってのは理解はしてますけどね。ただ、「プレゼンうまいから」っていうような言葉は、この業界にあっちゃ本当はいけないでしょ。だって、効果のない広告して、新製品売れなきゃ会社つぶれるわけだから。

箭内：企業のほうが消費者との接点にいるというか、せっぱつまってますよね。

仲畑：そう、すっごく真剣なことやってんのに、それをノリだけで審査するのは、ちょっとさ。やばいんじゃないかな？

箭内：そういえば昔、僕、博報堂にいた頃、仲畑さんのところと野球の試合やったことがあって。

仲畑：あ、そう！

箭内：なんか柄悪かったって言うか（笑）。

仲畑：それはきっと、オレの野次だよ。

箭内：すっげえ怖かったですよ（笑）。20年近く前ですけど、うちのチーム23対0くらいで負けました。もう二度とやんないと思いました。

仲畑：そんなこと言って、また悪いイメージ付ける。風評被害。それはねえ、すごく弱いので、外人の助っ人が入ってたときだよ。

箭内：そうだったんですね（笑）。その頃は会社を動かしていくときに、野球って有効でした？

仲畑：いや、有効じゃないけど楽しかった。あれ、副田（高行）がね、やりたくて。彼は野球だけ趣味だっていうんで草野球のチーム作って。糸井（重里）も入ってたし、魚住勉や亡くなった眞木（準）も入ってたんだけど、糸井以外、全部ヘタでね。眞木なんか打ったら3塁のほう走るんだから。「なに考えてんだ、お前」って（笑）。

箭内：なんかいいじゃないですか。チャーミングな伝説ですね。

仲畑：そ、すっげー楽しくて。でも、笑っちゃうよね。

箭内：「仲畑さんにとって広告とは？」といったことを、改めてうかがってみたいと思います。いままでのお話の中でも答えが見える部分はあったんですけど。

仲畑：もうビジネス、それだけです。僕は京都でバカをやってて、こんなこと続けてちゃダメだってんで、八百屋やろうかコピーライターやろうかと思って。

箭内：八百屋になる道もあったんですか？

仲畑：うん、その頃、伝統野菜の再生産ってことで、京野菜を作りだした連中がいて、面白いなって思ったんですよ。でも、何人かでやることだからね、難しいなと。コピーライターならひとりでできるし、ダメなら自分のダメージだけで終わるから、ひとりのほうを選んだ。本当はニューヨークでやりたかったんですけど。

箭内：広告をですか？

仲畑：IVY８校の連中がマディソンアベニューで広告始めたと……、ファッションの興味から入ったことだけど、向こうで一等賞になったら世界で一等賞でしょ。でも、一人っ子で、ダメだったんですよね。おふくろがかわいそうで。だから、東京どまりになった。

箭内：日本にいてくれと？

仲畑：そう、身体が悪いこともあって、あまり遠くに行かないでくれと。で、東京で始めた。もうほんとにビジネスとして。

箭内：それはずっと変わらないですか。

仲畑：本質的にはそこがあるよね。

箭内：ビジネスってひとくくりに言うとあれですけど、さっき話に出た映画におけるビジネスと、広告におけるビジネスではちょっと感じが違いますよね。

仲畑：違いますね。若い人にしゃべったりする場所で、よく言うんですけど、このビジネスがすごいのは、バカなことを言って一生を終われることですよ。

箭内：ハハハハハ。

仲畑：会議のときでもさ、「もっとチャーミングなものない？」「もっと笑えるものない？」とか、そんなことをいい年した人間が言っている。そうやって何がしかのものが出来上がり、社会のリアクションもあって、それで食えるっていう。そんな幸せなことはないなと思う。普通はもっとコンクリートで、お利口のふりしてやってるわけでしょ？ 東京中のあらゆる会議室の中でも、大笑いしながらバカ言ってもOKなんて、オレらの業界くらいしかないんじゃない？ そういうことが苦手な人はちょっとかわいそうだけど。

箭内：でも、それは仲畑さんが作ってきた風潮でもありますよね？ パイオニアでもあったわけですから。

仲畑：いや、パイオニア？ 先輩がいたんじゃない。

箭内：そうですか？ 先輩たちがそんなバカ話してた感じもあまりしないですけど。

このビジネスがすごいのは、
バカなことを言って一生を終われることですよ。

（仲畑）

仲畑：そやろか、バカはオレから続いている（笑）？ えらいこっちゃね（笑）。まあ、やり方ってのは確かに違うね。オレの場合、コピーライターとデザイナーがいれば、なんでも作れると思ってる。昔、佐々木（宏）がまだ電通にいた頃、一緒にやろうということで、じゃやろうって行ったら20人ぐらいいるわけ。オレ、「綱引きやんのか？」って聞いたんだけど。

箭内：綱引き（笑）。

仲畑：こんなもん二人いりゃいいんですよ。それが20何人ほどいるわけ。ビックリしてオレやめた。そんなたくさんの人とやるやり方を知らないんで。デザイナーでもプランナーでもね、心が届く相手と「こんなんどう？」「いいね」ってやっていけばできちゃうもんなんだ。そんなにたくさんいると、気を遣って、前に進めないでしょ。

箭内：でも、そういうものかもしれませんね。

仲畑：人のアイデアにノーって言うの、力がいるじゃない？ かわいそうでしょ。なかなか言いにくいんですよ。若いのにコピー見てくれって言われるけど、ものすごく難しい。いいとこ見つけて褒めるのは、ホント、楽だし楽しいけどね。

箭内：仲畑さんはペアを組むデザイナーとどうやって歩いてきたんですか。葛西（薫）さんも副田（高行）さんもすごい人ですけど、そういう方たちと仲畑さんとの二人三脚ってどうなってたのかな？ と思って聞いてみたくなったんですけど。

仲畑：まあ、きっかけだけなんですけどね。例えば副田がサン・アドに入ってきたときのデザインって、ライト風だったわけ。ビジュアル80％で、写真があって右下に明朝かなんかがあって、ボディコピー・ブロックがあるみたいなね。で、オレ、言ったんですよ。「こんなもんみんなやってるよ。後ろからレールの上を付いて行ったって追い越せないぜ、先輩が前を走ってるから。一回オフロード出てかぶせろ！」って。

箭内：かぶせろと？

仲畑：うん、そしたら、めちゃくちゃなデザインやったんだ。そのとき「ああ、すげえ！」と思った。もうほんっとブロークン、素晴らしく破いちゃった。美学を全部吹っ飛ばしたやつをいくつか作ったんだね。それからグワーッと伸びた。そういうのって素敵じゃない？ だって、きれいなデザインなんて、いつでもすぐに戻れるんだもん。

箭内：へえ～。

仲畑：葛西君は、最初からできてましたね、葛西スタイルってのが。最初は大きな仕事は任せてもらえないけど、ちっちゃな仕事がすでに良くてね。見事

なものだった。彼には独自の美学があって、ちょっと優美な感じの。でも、不思議だよね。サン・アドにいたときは葛西が仲畑ルームで僕を助けてくれて、独立してからは副田が助けてくれた。

箭内：へえ〜、そうなんですね。これ、掲載になって葛西さんと副田さんが読んでるのを想像するとなんかいい。ふたりともニコニコしながら読んでそうな気がします。これからコピーライターになる人とか、20代で悶々としている人へのアドバイスってなにかあります？

仲畑：昔はっていうか、僕らの頃だと言葉のセンスとかものの見方、考え方の末端表現だけで成立したのね。いまはもっと、売るための仕組みというか、プロモーション意識を強く持たないともう役に立たない。チャーミングな一行で心を奪うことはもちろん変わらないんだけど、その言葉にものを動かす工夫を織り込んで、より早く強く伝える機能を持ったコピーでないと、ちょっと間に合わないと思う。

箭内：仕組みを求められて、一番最後にチャーミングにする時間がないまま世の中に出るみたいなのは？

仲畑：それももちろん問題ですね。いまほとんどそれじゃない？

箭内：さっき、この45年間でいまが一番厳しい時期だっておっしゃったのと、そのことは関係しますか。

仲畑：それが大きいね。経済性から逃げられないでしょ？ このビジネスと表現は。だからこんな、鼻が詰まったみたいな経済だと、企業は守りに入っちゃって表現の飛躍を求めない。もののそばでしゃべってもらったほうが社内の通りもいいわけだから。

箭内：そうですね。

仲畑：ただ、仕組みにも色んなものがあるね。例えば「アデランスは誰でしょう？」をこさえた理由を言うと、コマーシャルがお茶の間に出た時、その情報がぜんぶ頭をすり抜けてると思った。だから、弾丸を頭で留めてやろうと思った。お茶の間に親父と女房と娘がいたとして、あれがバーンと出てきたときに、例えば娘が、「お父さん、だれがアデランスだと思う？」と聞いたとき、即全員にリーチする。電車の中吊りも、5〜6人で乗ってて、だれかが「だれだと思う？」って言ったのを聞いて見る。おまけに、周りで聞こえた人も見て即リーチ。情報を確実に頭に留めてやろうってことの仕組み、そのためにああいうコピーが必要だった。もちろん、これもひとつのやり方で、すべてではない。もっとさまざまな手法があると思うけど、そういうことをひとつずつ開発して、そこに効果的な言葉を付けていく。もちろんその言葉は、できればチャーミングなほうがいいよねえ。

箭内：ワコールもやってらっしゃるじゃないですか。仲畑さんにとっては自分が使う商品ではないと思うんですけど。

仲畑：商品との距離は遠いよ〜。ワコールのきれいなブラジャー。その広告を、こんな野郎がやってるとは思わないよね（笑）。

箭内：商品との距離があるときの作り方ってどうやってんのかなーって思ったんですけど。

仲畑：いや、どんな商品もまったく同じです。話を聞けばマーケットなんてすぐに理解できるし、そこでの関心領域も察知できるから、その中で狙撃するだけだから。

箭内：やってみたい仕事ってあります？

仲畑：いや別にない。どんな商品でも一緒。なんでもできる。でも低額商品のほうがやりやすいよね。表現に幅出せるでしょう？ 高額商品はどうしても気取るじゃない？ 気取りというのは、広告表現の中で、一番届きにくいでしょ。だってばれてるわけじゃない、オレたちの表現って。クライアントが自分で金出して自分でメディア買って自分で褒めてるっていうような、その図式がばれてるのに、「おめえまだ、自分で自分を褒めるの？」みたいなところ。そんな場で、さらにお利口そうに表現するわけでしょ、カッコ悪いですよね？ それ、イメージ下げるよね。

箭内：さっき仲畑さんから“プレゼンにだまされるな”っていうヒントが出ましたけど、ほかにクライアントの人たちへの言葉ってありますか。クリエイターのおだて方とか、ダメ出しの仕方とか。

仲畑：僕は競合コンペに対して懐疑的ですね。もちろん長く続けてのマンネリズムっていうのもあるわけだけど、「いい制作者に出会ったら、少なくとも3年から5年くらいは付き合いましょう」ってことですよね。そしてパートナーシップが確立できたら、よりジャンプできる。毎回毎回プレゼンで競合するっていうのは、制作者が疲弊するばかりで、何も育たないし、何も生まれない。僕らもバカじゃないんで、取るための傾向と対策やるよ。でも、それはターゲットがクライアントになっちゃうってことだよ。消費者、生活者じゃなく、そこのクライアント好みを作る。そしたら売れなくなるってことだよ。真のターゲットをターゲットにした表現にならないもの。もうドンドンうんこになる。だから毎回競合っていうのは、僕はもったいないと思うな。

箭内：僕、前にも言いましたけど、仲畑さんに直接お願いしたら叱られそうとか、そういうふうにクライアントは思うんじゃないですか？

仲畑：風評被害。それはおまえのせいだ、バカヤロー（笑）！。オレはスイートだぜ。

箭内：いや、オレのせいじゃないですよ（笑）！でも、全然そんなことないですよね？

仲畑：まったくないね。やりやすい制作者だと思うけど。注文はなんでも聞きますよ。

箭内：今日仲畑さんにもうひとつ聞こうと思ったのが、九州について。さっきの郷愁じゃないですけど、九州ってJRだったり岩田屋だったり、仲畑さんがすごく大事にしてる場所だっていうふうに見てて思うんですけど、九州ってどういう存在ですか。

仲畑：相性が合ったということです。僕自身は京都の人間で、京都の風物や文化は好きなんだけど、人間はどうもピンとこない。ま、九州って言い方も雑駁でいろんな九州があるんだけど、博多とか北九州とか……、なんとなく僕はそのあたりが生理的に合うこともあって。九州は女性がいいよ〜！

箭内：お茶飲みに行こうって言ったら、断らないで来てくれる人がたくさんいる感じが、街歩いててもします。

仲畑：そういうことは、たいへん重要だね（笑）。きっかけとしては、もともとTOTO本社が小倉にあって、あの頃は常務会で説明してたのね。で、小倉で飲むでしょ。そのうち博多の人も一緒になって、中洲にいいクラブがあったんですよ。西中洲の「みつばち」。そこに岩田屋の社長たちと飲みに行くうちに、向こうの財界の人が混ざって来ていて、「うちもやってくれ」みたいになった。

箭内：会社もありましたよね？

仲畑：結局、作らないと間に合わない。東京より仕事が多くなっちゃったんだもん。箭内君は出身どこだったっけ？

箭内：僕は東北です。

仲畑：東北はちょっと距離感あるね。僕ら関西人は東京より北は遠く感じるんだけど、九州はわりと距離感的にも問題なくて。東京の人は逆に、大阪のその先は遠く感じるみたいね。

箭内：東京はどういう存在なんですか。

仲畑：東京いいよ。だって無茶苦茶だもんこの街。世界中で最もクレイジーじゃない？ ニューヨークも70年代くらいまではイケてたけど、いまはもうちょっとね、東京は面白いよね、もう壊れてますから。

箭内：どんなところが無茶苦茶なんですか？

仲畑：アブナいヤツだらけじゃない、ここ？ そのくせ、そうじゃないみたいな顔して生きてるでしょ？ ニューヨークとかだとそういうヤツらはそういう場所でハッキリそう見えるんだけど、ここの街じゃ、すれ違っててもわからない。そこのとこが、すごいよ。渋谷でも新宿でも六本木でも、もう危なくてしようがないんだけどね。でも、それを感知してない。

箭内：仲畑さんもトップレベルのアブナい人でしょう（笑）？

仲畑：そやろか（笑）。僕は極めて普通の、真ん中の常識人だと思ってるんですよね。副田たちにもよく「お前らはおかしすぎる」って。オレを見習え、オレは真ん中にいるんだからって。みんな笑うけど。

箭内：ちなみに仲畑さん、2020年の東京オリンピックの頃っていくつですか。あと6年だから……。

仲畑：72か3か。それまでやれって言うやつがいるんですよ。うちの佐倉（康彦）とかさ。それはちょっとわからないな。オリンピックに関しては、やらなきゃいけないことがあるから、やりますけど。それに、45年ほど広告やってきて、ちょっとわかりかけたことがあるんです。効果的な広告のこさえ方というのがね。ローコストで最大効果を生む広告。それを試してみたいし、形にしたい。

箭内：いまの会社の人たちというか後輩たちというか子分たちというか、仲畑さんはどんな感じで仕事されてるんですか。

仲畑：もうほとんど会わないよね。いま月に1回くらいしか事務所行かないから。なんか、みんな元気みたいだけど。

箭内：元気みたい（笑）。

仲畑：箭内君はどうなの？ 会社作っちゃまた変えてっていうのは、やってみて「違うな」と思うから？

箭内：あ、そうですね。あとやってみて気が済んだとか。

仲畑：なるほどね。

箭内：やってみないとわかんなかったけど、色々試行錯誤しちゃったなとは思います。楽しいですけど。

仲畑：難しいよね、そういうのも。僕らが関わる人たちも、かつて僕らがガンガンやってた頃と違ってきたというか。しかし、色んなとこと付き合い増えたでしょ？

箭内：そうですね。

仲畑：ネットのせいもあるけど、コラボっていうの？ 色んなとことくっついてやることも増えたし。旧来のメディアだけじゃないから。

箭内：でも、さっきのデザイナーとコピーライターじゃないけど、その色んなところで綱引き大会じゃない形を作ってくのが大事ですよね。

仲畑：若い衆はいるの？ いないとできないでしょ？

箭内：できないですね。立ち止まっちゃうというか、ものを実現したり考える速度が遅くなるというか。

仲畑：サン・アド出たときも、最初は一人でやろうと思ってた。若いもんがいると、その人の人生まで背負うからキツかったんで。でも、できないんだ結局。手のかかる仕事を外のデザイナーに頼むと、時間も取らせちゃったりして失礼だと思って。で、処理だけはこっちでと思ってデザイナーを入れるんだけど、数年やるとアートディレクターみたいになっていくから、下につけてあげなきゃいけない。

箭内：そうなりますよね。

仲畑：まあ、うちは3年で卒業って言ってて、3年でどんどん辞めさせてくんだけど、それはよかったよ。こないだOB会で、一倉（宏）や副田がいて、これ全部いたら圧勝ですねって言うんだけど。

箭内：いまもみんな辞めないでいると。それはそうとう、すごい会社ですね（笑）。

仲畑：それでもオレはやっぱり今のがよかったね。出来る子も出来ない子も全部フェアに出すっていうことは固く決めてた。自分の翼で飛んでいってほしいなと思うよね。生涯年収がいまだいたい2億から3億なんで、早くそれ稼げって言うわけ。そう言って出すんだけど、おおむねやってくれてるみたいね。別に金がすべてじゃないけど。それを早く達成すれば、あとは冗談で暮らせるからっていうのがあって。

箭内：冗談でね、骨董品買って。

仲畑：いや、骨董は、あれは冗談じゃすまねえんだよ（笑）。泣いちゃうよオレ。

仲畑貴志（なかはた・たかし）
コピーライター、クリエイティブディレクター

多くの広告キャンペーンを手掛け、カンヌ国際広告映画祭金賞、ADC 賞など数々の受賞歴を持つ。東京コピーライターズクラブ会長。講師歴として事業構想大学院大学教授、宣伝会議コピーライター養成講座校長など。著書に『勝つコピーのぜんぶ』『勝つ広告のぜんぶ』（宣伝会議）、『この骨董がアナタです』（講談社）ほか。また、毎日新聞紙上で「仲畑流万能川柳」の選者も務める。

サントリー　サントリーレッド
「おっ、口実が咲いた・・・」
新聞広告（CD + C）

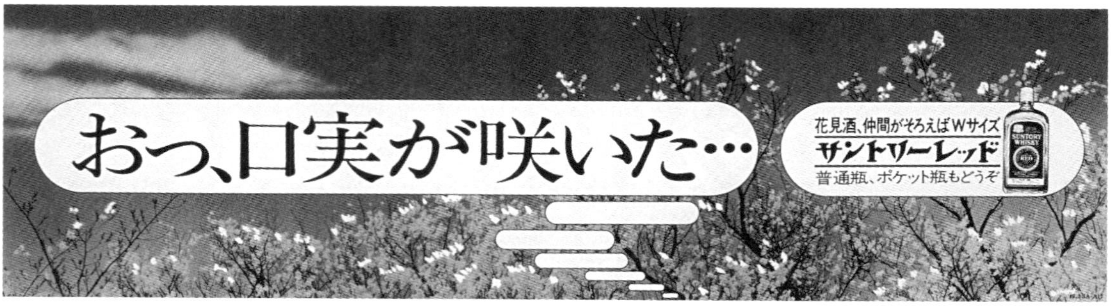
おっ、口実が咲いた…
花見酒、仲間がそろえばWサイズ
サントリーレッド
普通瓶、ポケット瓶もどうぞ
SUNTORY WHISKY
RED

1974 年

サントリー　角
「角 ÷ H_2O」
新聞広告（CD + C）

そのH₂Oが問題なのです。井戸水に限るという者がいるかと思えば、いや井戸水はいけないという者がいる。そこへ、ミネラルウォーターが良いと口をはさむものがいて、水道で充分という者がおり、それならば断じて浄水器を使用すべしと忠告するものがいる。また、山水こそ至上と力説する自称水割り党総裁が出現し、清澄なる湖水に勝るものなしとの異論が生じ、花崗岩層を通った湧き水にとどめをさすと叫ぶものあり。果ては、アラスカの氷(南極ではいけないという)を丁重に削り取り、メキシコの銀器に収め、赤道直下の陽光で溶かし、さらにカスピ海の…と茫洋壮大なる無限軌道にさまよう者もある。と思えば、そっとあたりを伺い、声をひそめ、ただひと言、秋の雨です、と耳うちする者がいたりする。我が開高健先生によれば、「よろし、よろし、なんでもよろし、飲めればよろし、うまければよろし」ということになる。さて、あなたは?今夜あの方と、水入らずで。「角」。
いつものボトル。日本のウイスキーの原典。
普通瓶1,800円　ダブルサイズ3,400円
サントリー 角瓶
ウイスキー特級
「角」÷H2O

1976 年

サントリー　トリス
「雨と子犬」篇
テレビCM（CD＋C）

1981年

ソニー ウォークマン '87
「さる」篇
※出演：周防猿まわしの会 チョロ松
テレビCM（CD）

1987年

TOTO　ウォシュレット
「おしりだって、洗ってほしい。」篇
テレビCM（CD＋C）

1982年

シャープ　液晶ビジョン
「今どき、『大画面』だけじゃ、いばれない。」
ポスター（CD＋C）

1990 年

九州旅客鉄道　企業広告
「愛とか、勇気とか、見えないものも乗せている。」
ポスター（CD＋C）

1992 年

ワールドゴールドカウンシル　企業広告
「女は、仕事で死んだりしない。」
ポスター（CD＋C）

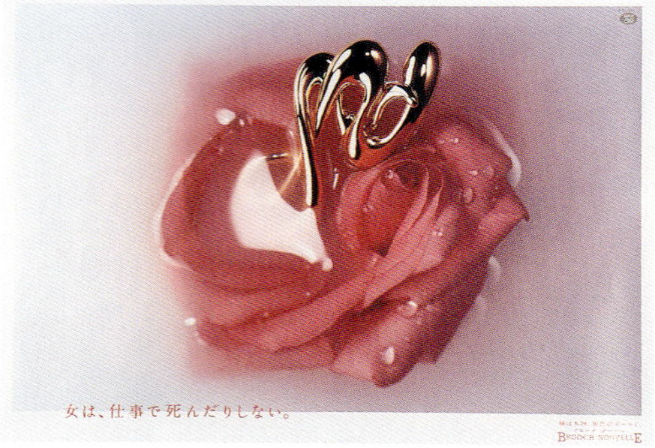

1992 年

大鵬薬品 チオビタドリンク
「反省だけなら」篇
テレビCM（CD＋C）

1992年

アデランス　ヘアクラブRF-1
「NIGHT」篇
※出演：新庄剛志、東幹久、山口智充
テレビCM（CD＋C）

2010年

クレディセゾン
永久不滅ポイント
「空手・瓦割り」篇
テレビCM（CD＋C）

2014年

P.6-207のインタビュー記事は、全日本シーエム放送連盟（ACC）の会報誌『ACCtion！』にて連載中の「広告ロックンローラーズ」の第0回〜12回を再録したものです。本連載の取材・構成・執筆は河尻亨一氏、撮影は広川智基氏が担当しました。

広告作品紹介ページに記載の企業名や商品名は、広告の出稿当時のものです。

Premium Stage

人の幸福を考える人がいる限り、
広告の価値はベーシックな面で高くなる。

2014年4月開催のイベント
「宣伝会議 AdverTimes DAYS」において実現したパネルディスカッション
「広告界『Ｇ８』—箭内道彦と大御所クリエイターが語りつくす！」。
『広告ロックンローラーズ』がきっかけで企画され、
会場には多くの広告関係者が詰めかけた。
秋山晶、大島征夫、小田桐昭、葛西薫、坂田耕、副田高行、細谷巖、宮田識——
広告界の大全盛期を牽引し、いまも広告界の第一線を走り続けている錚々たる面々が集結。
60歳、70歳を超えてもなお高みを目指し、
自らに課題を課し続ける8人の、作り手としての誇り高き心。
その核心に触れる、またとない“幻のセッション”となった。

パネラー
ライトパブリシティ　コピーライター、クリエイティブディレクター 秋山晶氏（以下、秋山）
dof　クリエイティブディレクター 大島征夫氏（以下、大島）
小田桐昭事務所　クリエイティブディレクター 小田桐昭氏（以下、小田桐）
サン・アド　アートディレクター 葛西薫氏（以下、葛西）
マッキャン・ワールドグループ ホールディングス 顧問 坂田耕氏（以下、坂田）
副田デザイン制作所　アートディレクター 副田高行氏（以下、副田）
ライトパブリシティ　アートディレクター 細谷巖氏（以下、細谷）
ドラフト　アートディレクター 宮田識氏（以下、宮田）

モデレーター
風とロック　クリエイティブディレクター　箭内道彦氏（以下、箭内）

箭内：なんだか、天国にいるような気分ですね。この風景はね、本当にもう二度と見られませんよ。一般的に人間は年をとると保守的になる、弱気になると言われますが、ここにいらっしゃる皆さんとお話ししていると、決してそうではないことがわかります。このパネルディスカッションのきっかけになった連載『広告ロックンローラーズ』というタイトルにも込めましたが、怖いものがなかったり、怖いものとの戦い方を知っていたり、「ものをつくる」ということに、とことん純粋に向き合っていたり……そういう方々が、今日こうして集まってくださいました。1時間という短い時間ですので、「語りつくす」ことはとてもできないと思いますが、時間の許す限り、お考えや、そこに共通するもの、そこから読み取れるそれぞれの違った生き方といったものを味わっていただければと思います。
では初めに、今日皆さんにそれぞれお持ちいただいた代表作をご紹介したいと思います。まず、秋山晶さんです。

秋山晶さん作品紹介

大塚製薬

キユーピー

アヲハタ

箭内：秋山さん、何か一言いただけますか……今日のご気分とか（笑）。皆さん、声がお聞きになりたいと思うので。
秋山：作ったときは、まあいいかなと思っていたけれど、改めて見ると、欠点が多い広告です。もう少し音の位置を工夫するとか、編集にメリハリをつけるとか……。やっぱりこういうところで皆さんに一緒に見ていただくと、自分のダメなところがよくわかって勉強になります。
箭内：まだまだ階段をのぼろうとし続けているというか……素敵な一言です。続いて大島さんです。

大島征夫さん作品紹介

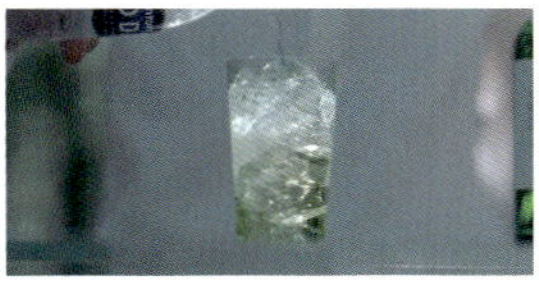

サントリー

大島：今日は、座る位置がまずいですね。秋山さんと小田桐さんに挟まれて何か言うというのは、そうとう、罪だな……そう感じています。

箭内：（笑）。続いて小田桐さんです。

小田桐昭さん作品紹介

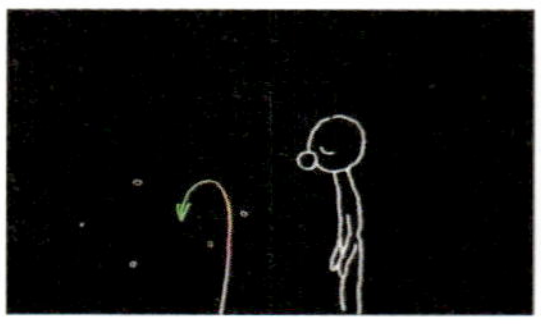

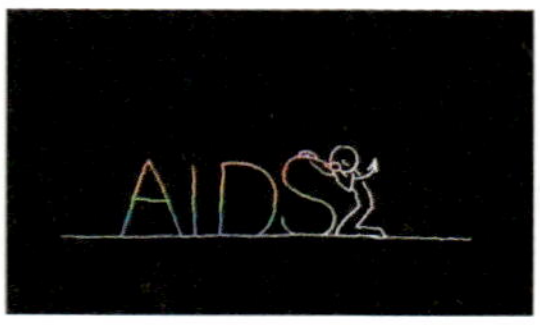

東京アートディレクターズクラブ

箭内：最後の1本（エイズ予防キャンペーン／東京アートディレクターズクラブ）は、大きい画面で見ると、また違う印象を受けますね。線画に、人の気持ちをここまで込められるものなんですね。

小田桐：いかに僕が古い人間かということを皆さんにお見せしようと思って、20～30年前の古いものばかり持ってきました。なんだか恥ずかしいですね。広告は世の中と一緒に動いているので、こういう古いものをここでお見せするのが、よかったのかどうか、いま反省しています。何でもいいから、もっと新しいのを持ってくればよかったかもしれません。

葛西薫さん作品紹介

サントリー

ユナイテッドアローズ

虎屋

葛西：さすがに映像の後だと、グラフィックは静かですね。でも箭内さんから「心はロックンローラー」という言葉をかけられて、とても励みになりまして。今日はありがとうございます。

箭内：今日ご登壇くださっている方の中には、最初は来ないと言っていたけれど、葛西さんが来ると聞いて考え直してくださった方もいたと聞いています。ありがとうございます。では、坂田さんの作品です。

坂田耕さん作品紹介

日本コカ・コーラ

坂田：僕も古い作品ばかりです。いま広告、例えばテレビなんて誰も見ていないと言われている。それもあるのか、最近のCMはインパクトが強いですね。僕は、「僕はテレビをちゃんと見ているし、みんなもやっぱり見ているんじゃないか」と、わりと性善説的な発想で広告を作っています。

箭内：次は、副田さんです。副田さんは今日、最年少ですね（笑）。

副田：最年少と聞いて、唖然としたんですけれども（笑）。

副田高行さん作品紹介

トヨタ自動車

ソフトバンク

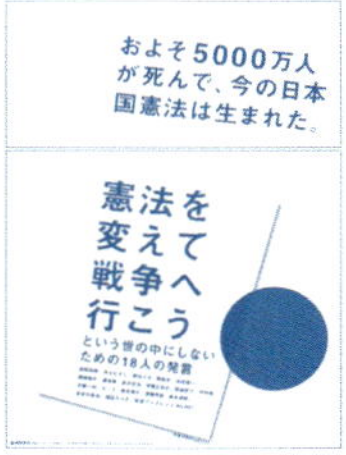

岩波書店

副田：グラフィックは、やはり寂しいですね。僕には代表作がないので、3点と言われると困ってしまったんですが、『広告ロックンローラーズ』のインタビューのときに箭内さんが褒めてくれた「ピンクのクラウン」と、昨日も撮影していたソフトバンクの広告を持ってきました。あと最後は、憲法9条改悪問題をテーマにした書籍の、新聞広告ですね。昨今この国に“きな臭い”空気が漂っているので、いまこそ、この広告をここにいらっしゃる方にだけでもお見せしたいと思って。憲法9条改悪問題に関して、こういう表現をするのもアリなんだという例をお持ちしました。

細谷巖さん作品紹介

キヤノン

キユーピー

キユーピー

細谷：秋山（晶）さんとはもう40年以上の付き合いで、若いときから一緒に広告を作っています。いまお見せした作品はすべて、クリエイティブディレクション、コピーとも秋山さんによるものです。秋山さんはデザインにすごく厳しくて、いつも恐々としながら、一生懸命作っていました。いや、それくらい厳しいんですよ。でもそのおかげで、仕事のレベルを保つことができた。

箭内：それでは最後、宮田さんの作品です。

宮田識さん作品紹介

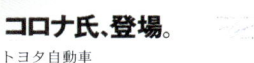

トヨタ自動車

ワコール

キリンビバレッジ

宮田：代表作を3点、ということで持ってきたのですが、色っぽくないなぁ（笑）。もうちょっと色っぽさを出せたほうがよかったのかなと思っています。『広告ロックンローラーズ』での箭内さんとの対談で、箭内さんから投げかけられた最初の質問は「宮田さんは、『勇気』ってどう考えていますか？」でしたね。それで言うと、勇気のない仕事だなぁと感じています。「もっと羽ばたけよ」と……。過去から現在にかけて、3点の作品をお見せしましたが、あんまり変わらないなぁと思うと同時に、もっと勇気を出して仕事をしていかなければいけないなと思います。

箭内：ここまで、少しずつお話を聞いただけでも、皆さん、「まだうまくなりたい」「まだすごいものを作りたい」「まだ色っぽくなりたい」とおっしゃっている。それは当たり前のことのようで、やはり驚くべきことでもあると思うんですよね。若いクリエイターにしてみれば、自分たちの前に30～40年走ってきた方々がまだ頂点を極めようとしているのでは、自分たちがデビューする場所がないんじゃないかと心配になるくらい、いまも「もっともっと、いいものを」と追い続けているんですよね。

だから、昔のCMを見て「すごかったね」「懐かしいね」「あの頃はいい時代だったね」という話をするのではなく、これからのヒントとか、明日から僕たち、若い人たちがやるべきことというのが、ここまでで見てきた作品や、話の中にも、ぎっしり詰まっていると思っていて。それを見つけることができるか、「あの人たちはすごい人たちだから自分とは別だ」「自分にはキユーピーの仕事もソフトバンクの仕事も来ないよ」と遮断してしまうかで、大きな差があると思うんです。単純に、広告の作り方だけではなくて、さまざまな人のさまざまな考えがある中での「生き方」のヒントが、見つかったらいいなと思います。

皆さんには事前に、「広告って何ですか？」という統一の質問を投げかけさせていただきました。ここからは、お一人ずつに、その答えを伺っていきたいと思います。同じことを言う人がいるかもしれない。同じことを言っていても、その裏にある意味が違っているかもしれない。違う話のようで、実はどこかでつながる部分があるかもしれない。以前、天野祐吉さんか佐々木宏さんも冗談で言っていたのですが、このパネルディスカッションのタイトルにある「G8」は、先進国首脳会議の「G」と、年配の方を呼ぶときの「爺」をかけているんです。「G8」って、最後に必ず共同声明みたいなものが出るじゃないですか。大げさなことじゃなくていいのですが、来場者の方を含め、ここに集まったみんなで、「明日から広告をこんなふうに作っていきたいね」という共通の思いを、持ち帰れたらなと思っています。

それでは、まず秋山さんから伺えますでしょうか。

秋山：あまり立派なことは考えていないですね。広告というのは私たちにとって、日常です。日常の中の表現、それが広告です。しかし、それではあまりにも、ここにいる作り手側の感覚に寄りすぎてしまいますね。今回、「広告とは何か」と聞かれて、ふと思ったことが2つあります。ひとつは「名作」と言われる過去のキャッチフレーズに、広告の本質があるんじゃないかということ。例えば、「愛だろ、愛っ。」（サントリー カクテルバー）。「広告は愛だろ、愛っ。」と言うこともできると思う。さらにもっと経済性のことを言うなら、「おいしい生活。」(西武百貨店)とか。「広告はおいしい生活。」——まあ、これはあまりにも理想的な考えですよね。すでにある表現を使って言おうとすると、やはりバッシングされなくちゃならないので、これはここだけの話にしましょう。昔、博報堂の宮崎晋さんの仕事だったと思うのですが、どの新聞だったか、とある日の広告枠をすべてホワイトスペースにするという企画がありました。そのスペースのセンターに、昔の写植でいう16級くらいの小さな文字で、スポンサー名だけが掲載されていた。それを見たときに、「ああ、広告というのはノイズなんだな」と思いました。そして、ノイズがないということが、いかに寂しいものであるかを知りました。実生活の中でも、無響室のように全く音のない世界にいってみると、人間は宇宙空間にいるかのような寂しさをおぼえるものです。広告はノイズで、それがあるから人間が生きていられるのだと感じます。もう一つは、「広告」=「私たちが作っているもの」とは何だろうと考えてみると、そこから連想されたのは「音波」とか「電波」といった「波」、それから「空間」なんですよね。そうした要素をベースにして、日本語で一言で言い換えるとすれば、広告は「振動」。ウェーブではなく、バイブレーションでもない、「振動」。今日時点では、僕はそう思います。

箭内:僕が講師を務めた宣伝会議の講座で、受講生が教えてくれたのですが、ファッション誌から広告を抜いたら、雑誌の値段は何十倍にも跳ね上がるそうです。秋山さんの「振動」のお話を聞いて、広告は、情報・エンターテインメントを多くの人の元に届けるためにバックアップしてくれる存在とも言えるかもしれないなと思いました。次は大島さん、お願いします。

大島:広告って、「いま必要とされているもの」だと思っているんです。それは、作り手である僕にとっても、いつも「いま」しかないということ。それは、すごく怖いことです。「いま」その商品や企業を売るということ、"Just Now"を常に相手にするのが広告ですが、「そこに私が必要とされているかどうか」をいつも問われている。広告作りというのは、そういう作業なんですね。「いま」しかないのに、なんでずっとここにいられるんだろう?と不思議に思いながらやっています。

箭内:細谷さんには怒られるだろうなと思いながら、この「広告って何ですか?」という質問を作りました。「そんなの言いたくないよ」とか、「こんなところに連れてきて、みんなにそんなことを話させるんじゃないよ」と言われても仕方がないくらい、大変な質問だなと、お二人の回答を聞いて改めて感じています。一人あたり、いくらになるだろう……? (聴講者に向けて)皆さん、ここまででもう元が取れましたよ。ここからは追加料金を取られてもおかしくない時間と考えてください。さて、ハードルを上げたつもりはないんですが(笑)、次、小田桐さんお願いします。

小田桐:「広告の本質とは——?」ということは、たぶんこれまでにも考えてきたんでしょうけれど、突然言われると狼狽えてしまって、嫌な質問だなと思いました(笑)。とりあえず、自分の中でもう一度定義してみたところ、やっぱり「心をくすぐることで、大勢の人を動かす」というのが、広告の機能だと思うんですね。心をくすぐるというのはなかなか難しいのですが、言ってみれば「エンターテインメントを提供する代償として、何かをしてもらう」という行為なのではないかなと。広告は基本的に「見られない」「嫌われる」ものという考え方があると思うのですが、僕たちがやることは、人をくすぐって、殻に閉じこもった人の心をとろけさせて、何かをさせるということ。しかもそれをできるだけ大勢の人にさせるっていうことだと思うんですね。ですから広告は本質的に、どこかにエンターテインメントとか、人をもてなしたり、楽しませるような部分がないとうまくいかない。あまり正面切ってぶつかっていくのではなく、“軽《かろ》み”というか、軽くて、気持ちよくなってもらえるようなものを作ろうという考えが前提にあります。いままで自分がどんな広告の作り方をしてきたかなと考えると、やはり「何かをしてもらうために、喜んでもらえるものを提供する」ということだったと思います。そういう関係がないと、人の心をくすぐって、どこかへ動いてもらうということは、なかなかできないなと……。そんなふうに、ぼんやり考えてきました。

箭内：ありがとうございます。それでは葛西さん、お願いします。

葛西：自分が作るもの、という意味で言うと、「潤い」であってほしいなと感じています。例えば、街があったとして、そこに川が流れているのといないのとでは全く違うということと同じです。ないと寂しい、あると助かる。そういう存在になりたいなという気持ちがあります。それから、僕はグラフィックが中心ですので、1枚のポスターや新聞広告があったとしたら、写真やデザインというのは、その広告の一要素にすぎず、すべてではないと考えています。目に見えるグラフィックそのものより、その向こうにあるものを見せたい。そこにあるものによって、そこにないものが伝わってほしい。そう考えると、グラフィック広告が伝えられることの範囲は、時間的にも空間的にも広がるだろうなということを、時々思ってみたりしています。それが、作り手としての考えです。一方で、日常生活を送る中では、私も広告を見る側の一人です。「こういうものが見たいな」「こういうものは嫌だな」ということの狭間でいつも往復運動をしているのですが、そういう見る側の気持ちになって広告を作ろうということを、時々、自分に言い聞かせることがありますね。広告は、「たくさんの人に伝える」という意味の言葉ではありますけれど、見る側はみな個人ですので、あまり「広告」という言葉を意識するまいと思っているところもありますね。あれこれと考え始めると輪郭線がはっきりしないのですが、そんなことを思いながらやっています。

箭内：写真やものの向こう側・裏側にあるものを見せたい、というお話が印象的です。この前、ミュージシャンの友人と話をしていたときに、「最近、世の中の人が、言葉の裏側を読んでくれなくなったよね」という話が出たんです。例えば「人間はもう終わりだ」って歌ったら、「人間が終わりとは、けしからん」と言われる。「人間はもう終わりだ」という言葉は、実は「これからどうやって生きていこうか？」という問いかけかもしれないし、「人間って、愛おしい」という気持ちが込められているのかもしれない。SNSやいまの時代を批判するつもりはないけれど、書かれた言葉の通りにその言葉を受け取る癖が、特に最近よく見受けられるなって話をしていて。葛西さんが作る広告は、やっぱりその奥にあるものを感じずにはいられないというか、「目の前にあるものだけが全てではない」ということを僕らに教えてくれる。そうすると、広告ではない他のものを見るときにも、僕らはそういうものの見方ができるようになっていく。振り返ってみると、僕の人生の中でもそういうことがあったなと、いま思いました。「教訓」というと、葛西さんは違うとおっしゃるんですけど。それでは坂田さん、お願いします。

坂田：何かの本で、「私たちが吸っているこの空気というのは、酸素と窒素と広告でできている」というのを読んだことがあって、面白いなと思いました。それとは別に、広告ってなんだろうと、自分でもちょっと考えたんです。長いのと短いのがあるんですけど、一番短いのは、経営者や企業の志に基づいて行う「おもてなしのコミュニケーション」なんじゃないかということ。先ほど見た皆さんの作品と、最近流行っている広告全般を比べてみると、テレビCMから「間」が、グラフィックから「余白」がなくなったなという気がしているんですね。コミュニケーションにお互いの気持ちを入れ込む「間」とか「余白」がなくて、ワーッと一方的に言われている感じがする。そのあたり、皆さんがどんなふうに感じているか聞きたいですね。

箭内：小田桐さんは、何か感じていることがありますか？

小田桐：広告は、企業活動の一端を担うものという認識で間違いはないのですが、自分が言いたいことを聞いてもらうには、やっぱり相手に何かあげなくちゃいけない。そして、相手を思う心の余裕が、広告の「余白」や「間」に表れるんですね。だから、いまの広告は全体的に、相手のことを考えてないんじゃないですかね。それが広告の「呼吸」のような形で、表れているのかなという気がします。やっぱり息苦しいですよね。

箭内：それでは最年少の副田さん、お願いします。

副田：となりに座っている細谷さんは、作品の「レベル」という話をしょっちゅうするんです。それで言うと、民度と言うのでしょうか、この国全体のレベルが低くなっているんじゃないかと感じていて。そしてそれが、広告のレベルとも一致しているように思うんです。僕は広告が好きで、長年この仕事をしてきたんですが、最近テレビを見ていると、もう見たくないようなCMばかり流れるので、CMが始まるとチャンネルをかえるのが癖になっている。でも今日、皆さんの作品を見ていると、最近のものを含めていい広告がたくさんある。こういう広告もあるんだと思うと、日本全体で、もう少し民度を上げていかなくちゃいけないと思うんです。たぶん広告は、政治を含め、世の中のあらゆる事柄と密接に関わっている。ですから、広告のレベルが低いということは、この国が総すくみ状態というか、解決すべき問題が山積みになっていて、レベルがそうとう低いところまで落ちてしまっているのではと感じています。

細谷：口幅ったい言い方になるんですけれど、広告表現を考えるにあたっては、我々クリエイターだけでなく、クライアントにも「ヒューマニティ」というものを改めて意識していただきたいなとよく思うんです。難しい広告テクニックではなくて、表現するときのベースになる考え方――繊細なデザインワークに表れる、人に対する「やさしさ」のようなものでしょうか。そういうものを改めて意識すると、もっと仕事がうまくいくんじゃないかと思います。

宮田：人というのは、「こうなりたい」という思いを持って生まれてきたはずなんです。人類始まって以来、幸せになりたいとか、平和でありたいとか、そういう思いがベースになっていろいろな職業が生まれてきた。家を建てる人、食料をとってくる人、料理をする人、服を作る人、歌を歌う人、デザインを作る人……。長い歴史の中で色々な人が出てきては、いらなくなると消えていく。「自分たちがいても、幸せや平和にはならないな」と思った人たちは自然に消えていくのが、「時代が移り変わっていく」ということだと思うんです。ですから僕らクリエイターも、幸せとか平和といったことを求めていないと、いま存在している価値はないんじゃないかな。企業があって、広告があって、僕らがここに存在しているということは、そこでやらなければいけないことは、もう決まっているんじゃないかなと。僕らの仕事が、幸せや平和といった世の中の「空気」を作るものだとしたら、「広告だけをやってもダメで、実はセールスプロモーションのほうがいいのではないか」とか、「いや、店舗を作ったほうがいいのではないか」とか、「この会社は世の中を悪くしているから、ここの広告はやりたくない」といったことを考えながら、仕事をしていかなければと考えています。なかなかうまくいかないけれど、自分の考える幸せな世界を、少しでも表現できたらいいなと思っています。

箭内：宮田さんのお話に、秋山さんが何度か大きくうなずいていらっしゃいましたね。人が求める幸せがあって、そこに仕事が生まれるということ。そして必要なくなったら、いなくなっていくというところでしたね。

秋山：聖書の言葉を聞いているようでした。宮田さんはやはり、本当にこの世界の、もっと言うと宮田さんが考える世界の「幸せ」をきちんと考えている方だなと思いました。そういう人がいる限り、広告の価値は表現面だけではなく、ベーシックな面で高くなると思いました。宮田さん、ありがとうございます。

箭内：「人の幸福を考える人がいる限り、広告の価値はベーシックな面で高くなる」——今日この場で発表する共同声明として、ふさわしいような気がします。いまの時代、すごく不安だし、わからないことがたくさんあるし、言葉の裏に隠れているものも見えない。そういう中で、今日皆さんからいただいたお話は、すごく貴重なものでした。本当に濃密な一冊の辞書というか、それこそ聖書を紡げるようなリレーだったなと思います。あえてまとめる必要はないと思うのですが、大島さんが議長国だとして、声明を出すとしたらどんな感じでしょうか。

大島：広告を作るというのは、すごく辛い仕事です。しかし、矛盾するけれども、すごく楽しい仕事でもある。先ほども話に出たように、常に「いま」を扱っているから、いつも新しい刺激を世の中に与え続けます。その刺激が、人々にとって悪い刺激になるのか、よい刺激になるのか——それを決めるのは、広告を作る人の責任になってくる。これからの広告界を担う若いクリエイター、そして今日ここに集まってくださった大勢の方々には、よい刺激を与える作り手のエッセンスだけを、汲み取ってもらえたらと思います。

あとがき

10年前、九州でのとある審査会に呼ばれ、
秋山晶さんと二人で福岡に行ったとき、
道中、色んな話をしました。

「時代の前に出るには、まず、自分の前に出なくてはならないんです」

秋山さんの数々の言葉と示唆に僕は、
一人で受け取るのが勿体ないと思った。
録音して、文字にして、残し、たくさんの人に伝える使命が、
それを聞いた自分にあるのだと強く感じました。

4年前、坂田耕さんによるACC（全日本シーエム放送連盟）会報の対談連載が
最終回を迎えて、坂田さんが僕に渡したバトン。

僕は迷わず、先輩たちの話を聞くことにしました。

僕たちはつい、
明日が必ずやって来ると思ってしまいます。
だけど人の命は永遠ではない。
そのことは、あなたも僕も同じです。

ならば、会いたいと願うのは当然。
聞かなきゃと焦るのは必然です。
大好きな人たちに。
大切なことを、今。

この本を
若い人に読んでほしいと強く思います。
あなたを挑発したい。

ここにあるのは未来です。
過去でなく。
みんな現役。
今を、生きている。

ロックンローラーです。

ACC関係者のみなさん、ライターの河尻さん、カメラマンの広川さん、
書籍化をしてくださった宣伝会議さん、
そして愛溢れるロックンローラーたちに、
心から感謝をいたします。

2014年10月
箭内道彦

宣伝会議 の出版物

広告クリエイティブの専門誌
月刊『ブレーン』

『ブレーン』編集部 編

■本体1,204円+税　雑誌コード 07899

広告・デザインをはじめ、プロダクト、テクノロジー、アートなど、あらゆるクリエイティブのアイデアと考え方、その事例を紹介。クリエイティブに携わるすべての人々に最新情報を提供します。

ブレーン 特別編集 合本
トップクリエイターの アイデア発想法・企画プレゼン術

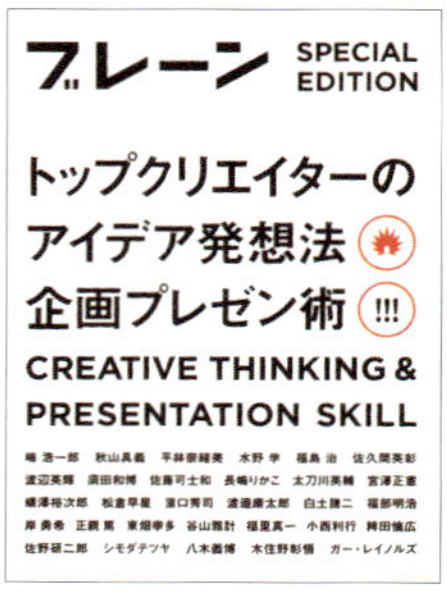

『ブレーン』編集部 編

■本体1,834円+税　ISBN 978-4-88335-310-1

アイデアやひらめきは才能ではなく、生み出すための過程やメソッドが存在する。「トップクリエイター」と呼ばれる人は、情報を確実にアイデアに変換するために何を実践しているのか。その発想法をあますところなく公開!

図説 アイデア入門
言葉、ビジュアル、商品企画を生み出す 14法則と99の見本

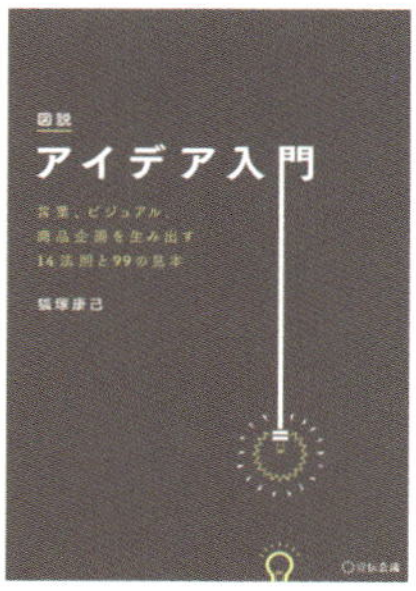

狐塚康己 著

■本体2,000円＋税　ISBN 978-4-88335-280-7

外資系広告会社で活躍した著者が、言葉や文化を越えて通用するアイデアの導き方を14種に類型化し、99のイラストで解説したアイデア入門書。企画や商品開発などアイデアを求められるすべての人の必読書。

ブレイクスルー
ひらめきはロジックから生まれる

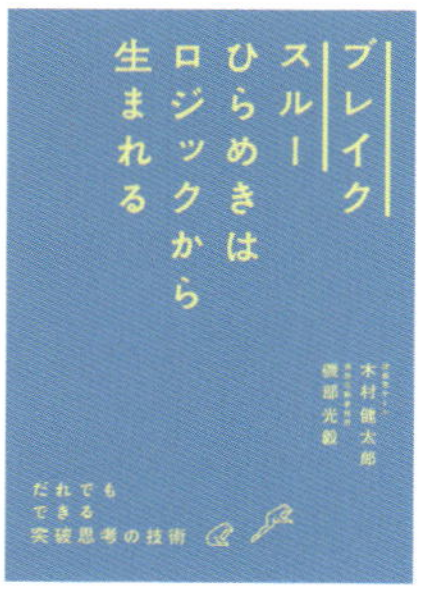

木村健太郎、磯部光毅 著

■本体1,500円＋税　ISBN 978-4-88335-283-8

企画や戦略、アイデアを練るときに誰もがぶつかる思考の壁。その壁を突破する思考ロジックを、広告の現場で培った知見と経験をベースに“見える化”。分かりやすい寓話、事例と豊富な図解で解説する。

宣伝会議の教育講座

人を動かす言葉の作り方を、
あらゆる職種の方に

クリエイティブ・ライティング講座

対象者 営業、企画、広報、宣伝、マーケティング、総務、人事、経営企画など。
今の仕事で、言葉の力が必要だと感じている方全て。

募集要項 ◯開講月：6月、11月、3月　◯時間帯：19:00～21:00（毎週水曜日）
◯講義回数：12回　◯定員：80名　◯受講料：92,500円（税別）

講師陣 広瀬さとし氏（広瀬さとし事務所）、宮澤節夫氏（宮澤節夫事務所）、
川上徹也氏（湘南ストーリーブランディング研究所）、手塚祐基氏（感性リサーチ）

一流ADが直接指導。
デザイナーからアートディレクターへのステップアップ

アートディレクター養成講座

対象者 広告会社・制作会社・Web制作会社・インハウスのデザイナー、アートディレクター。
グラフィック、パッケージ、Web、プロダクト、エディトリアルなどの領域のデザイナー。

募集要項 ◯開講月：8月　◯時間帯：19:00～21:00、13:00～16:00
◯講義回数：30回　◯定員：80名　◯受講料：160,000円（税別）

講師陣 秋山具義氏（デイリーフレッシュ）、植原亮輔氏（キギ）、えぐちりか氏（電通）、葛西薫氏（サン・アド）、
佐藤可士和氏（サムライ）、永井一史氏（HAKUHODO DESIGN）、水野学氏（good design company）、宮田識氏（ドラフト）、
森本千絵氏（goen°）ほか

今まで語られることのなかった方法論を
一流クリエイティブディレクターが講義

クリエイティブディレクション講座

対象者 広告クリエイティブの仕事をしている方、広告関連企業に勤める方。
広告クリエイティブについて学んだことのある方、企業の宣伝部、広報部、商品企画、経営層の方。

募集要項 ◯開講月：8月、2月　◯時間帯：19:00～21:00（毎週金曜日）
◯講義回数：15回　◯定員：60名　◯受講料：130,000円（税別）

講師陣 石井昌彦氏（博報堂）、伊藤直樹氏（PARTY）、佐藤尚之氏（ツナグ）、佐藤夏生氏（HAKUHODO THE DAY）、杉山恒太郎氏
（ライトパブリシティ）、野口恭平氏（LIXIL）、長谷川踏太氏（ワイデン+ケネディ トウキョウ）、古川裕也氏（電通）ほか

アイデアとテクノロジーが融合した
世界のクリエイティブを学ぶ1日セミナー

最新カンヌセミナー

対象者 広告会社、制作会社、Web制作会社などクリエイティブに携わる方々。
企業の宣伝部などコミュニケーションに携わる方々。

募集要項 ◯開講月：8月　◯時間帯：13:00～18:15
◯講義回数：1日集中　◯定員：50名　◯受講料：48,000円（税別）

講師陣 木村健太郎氏（博報堂ケトル）、斉藤迅氏（SIX）、齋藤精一氏（Rhizomatiks）、樋口景一氏（電通）、佐藤カズー氏
（TBWA＼HAKUHODO）

講師・カリキュラムは一部変更となる可能性がございます。

箭内道彦（やない・みちひこ）
クリエイティブディレクター

1964年生まれ。東京藝術大学美術学部デザイン科卒業。博報堂を経て、2003年「風とロック」を設立。主な仕事に、タワーレコード「NO MUSC, NO LIFE.」、FUJIFILM「PHOTO IS」、資生堂「uno」お笑い芸人52人CM、東京メトロ「TOKYO HEART」、サントリー「ほろよい」、リクルート「ゼクシィ」など。フリーペーパー『月刊 風とロック』発行人。2009年「207万人の天才。風とロックFES 福島」を開催し、実行委員長を務める。以降、毎年福島での音楽イベントを手掛け、2011年9月には県内を横断する6日間連続の野外ロックイベント「LIVE福島 風とロック SUPER野馬追」を実施。2012年「風とロック LIVE福島 CARAVAN日本」では、福島を含む全国9カ所を巡回した。2010年結成の「猪苗代湖ズ」で、2011年末の紅白歌合戦に出場。NHK『トップランナー』MC、TOKYO FM／JFN「風とロック」パーソナリティーでもある。著書に『風とロック 箭内道彦と21世紀広告』、『クリエイティブ合気道』、『サラリーマン合気道』、『871569』、『8715692』、『僕たちはこれから何をつくっていくのだろう』など。

広告ロックンローラーズ

箭内道彦と輝きを更新し続ける14人のクリエイター

発行日　2014年10月30日

編集　ブレーン編集部
発行者　東英弥
発行所　株式会社　宣伝会議
本社　〒107-8550　東京都港区南青山5-2-1
TEL　03-6418-3320（販売）
TEL　03-6418-3328（編集）
URL　http://www.sendenkaigi.com

表紙　すき　あいたい　ヤバい

印刷・製本　中央精版印刷
ISBN978-4-88335-300-2